大有文库

论中国文学革命

瞿秋白 著

中央党校出版集团　大有书局

图书在版编目（CIP）数据

论中国文学革命 / 瞿秋白著 . -- 北京：大有书局，2022.7
（大有文库）
ISBN 978-7-80772-081-2

Ⅰ. ①论… Ⅱ. ①瞿… Ⅲ. ①大众艺术—中国—现代—文集 Ⅳ. ① I021-53

中国版本图书馆 CIP 数据核字（2022）第 084655 号

书　　名	论中国文学革命 LUN ZHONGGUO WENXUE GEMING	
作　　者	瞿秋白　著	

责任编辑	张媛媛
责任校对	李盛博
责任印制	袁浩宇
出版发行	大有书局 （北京市海淀区长春桥路 6 号　100089）
综 合 办	（010）68929273
发 行 部	（010）68922366
经　　销	新华书店
印　　刷	北京中科印刷有限公司
版　　次	2022 年 7 月北京第 1 版
印　　次	2022 年 7 月北京第 1 次印刷
开　　本	145 毫米 ×210 毫米　1/32
印　　张	5.25
字　　数	92 千字
定　　价	26.00 元

本书如有印装问题，可联系调换，联系电话：（010）68928947

"大有文库"出版说明

习近平同志指出，那些在历史长河中经久不衰的经典，都体现了文学家、艺术家襟怀和学识的贯通、道德和才情的交融、人品和艺品的统一。

大有书局是由中共中央党校（国家行政学院）主管主办的一家中央级出版社，以传播马克思主义，特别是宣传出版习近平新时代中国特色社会主义思想为主旨；以出版高品质、高品位图书和文化产品为引领。成立伊始，我们深感自身的使命与担当，立志于记录老一辈革命家和学贯中西的名家大师的思考与探索、理想与追求以及对中华民族文化传承与创新所作的努力和贡献。谨以我们赤诚景仰之心，追步先贤，以"传播新知，开启民智"为原则，现向广大读者奉上"大有文库"系列图书。

"大有文库"所选图书多为20世纪以来中国思想家、

史学家、哲学家、社会学家的经典作品，皆是在当时历史背景下产生过巨大影响，在当下仍具思想性、原创性、学术性以及珍贵史料价值且富有持久生命力的优秀作品。书中字里行间蕴含着博大情怀和深刻思考，展现了老一辈革命家和名家大师深厚扎实的理论功底、直面社会现实的智慧和勇气、纵论古今的宽广视野和饱含深情的个人情怀。希望广大读者特别是党政领导干部通过阅读经典感受中国传统文化的深厚底蕴，了解中国社会的发展变迁与国人的文化自觉，提升思想境界与自我修养。

为满足广大读者的阅读需求，在保证质量的前提下，我们尽量尊重作品原貌，充分展现作品的原汁原味。同时，我们以初版或经著译编者审定、修订、增订过的版本为首选，希望通过我们的努力，呈现给读者一套具有阅读品质与视觉品位的作品。

大有书局
2022 年 3 月

目 录

001　《鲁迅杂感选集》序言

035　学阀万岁！

072　鬼门关以外的战争

112　大众文艺的问题

124　再论大众文艺答止敬

151　我们是谁？
　　　——和何大白讨论"大众化"的核心

156　欧化文艺和大众化

《鲁迅杂感选集》序言①

> 自己背着因袭的重担,肩住了黑暗的闸门,放他们到宽阔光明的地方去……
> ——鲁迅:《坟》

象牙塔里的绅士总会假清高地笑骂:"政治家,政治家,你算得什么艺术家呢!你的艺术是有倾向的!"对于这种嘲笑,革命文学家只有一个回答:

你想用什么来骂倒我呢?难道因为我要改造世界的那种热诚的巨大火焰,它在我的艺术里也在燃烧

---

① 本篇是作者为自己选编的《鲁迅杂感选集》写的序言,署名何凝。1923 年 7 月由青光书局印行。——编者注

着么？

——卢纳察尔斯基：《高尔基作品选集序》

革命的作家总是公开地表示他们和社会斗争的联系；他们不但在自己的作品里表现一定的思想，而且时常用一个公民的资格出来对社会说话，为着自己的理想而战斗，暴露那些假清高的绅士艺术家的虚伪。高尔基在小说戏剧之外，写了很多的公开书信和"社会论文"（Publicist articles），尤其在最近几年——社会的政治的斗争十分紧张的时期。也有人笑他做不成艺术家了，因为"他只会写些社会论文"。但是，谁都知道这些讥笑高尔基的，是些什么样的蚊子和苍蝇！

鲁迅在最近十五年来，断断续续地写过许多论文和杂感，尤其是杂感来得多。于是有人给他起了一个绰号，叫做"杂感专家"。"专"在"杂"里者，显然含有鄙视的意思。可是，正因为一些蚊子苍蝇讨厌他的杂感，这种文体就证明了自己的战斗的意义。鲁迅的杂感其实是一种"社会论文"——战斗的"阜利通"（Feuilleton）。谁要是想一想这将近二十年的情形，他就可以懂得这种文体发生的原因。急遽的剧烈的社会斗争，使作家不能够从容地把他的思想和情感熔铸到创作里去，表现在具体的形象和典型里；

同时，残酷的强暴的压力，又不容许作家的言论采取通常的形式。作家的幽默才能，就帮助他用艺术的形式来表现他的政治立场，他的深刻的对于社会的观察，他的热烈的对于民众斗争的同情。不但这样，这里反映着"五四"以来中国的思想斗争的历史。杂感这种文体，将要因为鲁迅而变成文艺性的论文（阜利通——Feuilleton）的代名词。自然，这不能够代替创作，然而它的特点是更直接地、更迅速地反映社会上的日常事变。

现在选集鲁迅的杂感，不但因为这里有中国思想斗争史上的宝贵的成绩，而且也为着现时的战斗：要知道形势虽然会大不相同，而那种吸血的苍蝇蚊子，却总是那么多！

鲁迅是谁？我们先来说一通神话罢。

神话里有这么一段故事：亚尔霸·龙迦的公主莱亚·西尔维亚被战神马尔斯强奸了，生下一胎双生子：一个是罗谟鲁斯，一个是莱谟斯；他们俩兄弟一出娘胎就丢在荒山里，如果不是一只母狼喂他们奶吃，也许早就饿死了；后来罗谟鲁斯居然创造了罗马城，并且乘着大雷雨飞上了天，做了军神；而莱谟斯却被他的兄弟杀了，因为他敢于蔑视那庄严的罗马城，他只一脚就跨过那可笑的城墙。莱谟斯的命运比鲁迅悲惨多了。这也许因为那时代还是虚伪统治的时代。而现在，吃过狼奶的罗谟鲁斯未必再去建筑那种可笑的像煞有介事的罗马城，更不愿意飞上天去高高地供在天神的宝座上，而完全忘记了自己的乳母是野兽。虽然现代的罗谟鲁斯也曾经做过一些这类的傻事情，可是，他终于屈服在"时代精神"的面前，而同着莱谟斯双双地回到狼的怀抱里来。莱谟斯是永久没有忘记自己的乳母的，虽然他也很久地在"孤独的战斗"之中找寻着那回到"故乡"的道路。他憎恶着天神和公主的黑暗世界，他也不能够不轻蔑那虚伪的自欺的纸糊罗马城，这样一直到他回到"故乡"的荒野，在这里找着了群众的野兽性，找着了扫除奴才式的家畜性的铁扫帚，找着了真实的光明的建筑——这不是什么可笑的猥琐的城墙，而是伟大的簇新的星球。

是的，鲁迅是莱谟斯，是野兽的奶汁所喂养大的，是封建宗法社会的逆子，是绅士阶级的贰臣，而同时也是一些浪漫谛克的革命家的诤友！他从他自己的道路回到了狼的怀抱。

俄国的贵族地主之间，"也发展了十二月十四的人物，这是英雄的队伍，他们像罗谟鲁斯和莱谟斯似的，是野兽的奶汁所喂养大的。这是些勇将，从头到脚都是纯钢打成的，他们是活泼的战士，自觉地走上明显的灭亡的道路，为的要惊醒下一辈的青年去取得新的生活，为的要洗清那些生长在刽子手主义和奴才主义环境里的孩子们。"（赫尔岑）

辛亥革命前的这些勇将们，现在还剩得几个？说近一些，"五四"时期的思想革命的战士，现在又剩得几个呢？"有的高升，有的退隐，有的前进，我又经历了一回同一战阵中的伙伴不久还是会这么变化。"（鲁迅：《自选集·序言》）

鲁迅说"又经历了一回"！他对于辛亥革命的那一回，现在已经不敢说，也真的不忍说了。那时候的"纯钢打成的"人物，现在不但变成了烂铁，而且……真金不怕火烧，到现在，才知道真正的纯钢是谁呵！辛亥革命前的士大夫的子弟，也有一些维新主义的老新党，革命主义的英雄，富国强兵的幻想家。他们之中，客观上领导了民权主义的群众革命运动的人，也并不是没有，而且，似乎也做了一番轰轰烈烈的事业。鲁迅也是士大夫阶级的子弟，也是早期的民权主义的革命党人。不过别人都有点儿惭愧自己是失节的公主的亲属。本来帝国主义的战神强奸了东方文明的公主，这是世界史上的大事变，谁还能够否认？这种强奸的结果，中国的社会急遽地崩溃解体，这样，出现了华侨式的商业资本，候补的国货实业家，出现了市侩化的绅董，也产生了现代式的小资产阶级的知识阶层。从维新改良的保皇主义到革命光复的排满主义，虽然有改良和革命的不同，而士大夫的气质总是很浓厚的。文明商人和维新绅董之间的区别，只在于绅董希望满清①的第二次中兴，用康、梁去继承曾、左、李的事业，而商人的意识代表（也是士大夫），却想到了另外一条出路：自己来做专权的诸葛亮，而叫四万万阿斗做名义上的主人。在这种根本倾向之下，当时的思想界，多多少少都早已埋伏着复古和反动的种子，要想恢复什么"固有文化"。独有现代式的小资产阶级知识阶层的萌芽，能够用对于科学文明的坚决信仰，来反对这种复古和反动的预兆。鲁迅和当时的早期革命家，同样背着士大夫阶级和宗法社会的过去。但是，他不但很早就研究过自然科学和当时科学上的最高发展阶段，而且他和农民群众有比较巩固的联系。他的士大夫家庭的败落，使他在儿童时代就混进了野孩子的群里，呼吸着小百姓的空气。这使得他真像吃了狼的奶汁似的，得到了那种"野兽性"。他能够真正斩断"过去"的葛藤，深刻地憎恶天神和贵族的宫殿。他从来没有摆过诸葛亮的臭架子，他从绅士阶级出来，他深刻地感觉到一切种种士大夫的卑劣、丑恶和虚伪。他不惭愧自己是私生子，他诅咒自己的过去，他竭力地要肃清这个肮脏的旧茅厕。

现代最伟大的革命政治家说过："吃人经济的存在，剥

---

① "满清"一词现表述为"清朝"。——编者注

削的存在永远要产生反对这种制度的理想，在被剥削的群众自己之中是如此，在所谓知识阶层的个别代表之中也是如此。这些理想对于马克思主义者都是很宝贵的。"辛亥革命之前，譬如一九〇七年的时候，除出富国强兵和立宪民治之外，还有什么理想呢？不是伟大的天才，有敏锐的感觉和真正的世界的眼光，就不能够跳过"时代的限制"；就算只是容纳和接受外国的学说，也要有些容纳和接受的能力。而鲁迅在一九〇七年说：

> 轻才小慧之徒，于是竞言武事……谓钩爪锯牙，为国家首事，又以文明之语，用以自文。……虽兜牟深隐其面，威武若不可陵，而干禄之色，固灼然现于外矣！计其次者，乃复有制造商沽立宪国会之说。前二者素见重中国青年间，纵不主张，治之者亦将不可缕数。盖国若一日存，固足以假力图富强之名，博志士之誉；即有不幸，宗社为墟，而广有金资，大能温饱……若夫后二，可无论已……将事权言议，悉归奔走干进之徒，或至愚钝之富人，否亦善垄断之市侩……呜呼，古之临民者，一独夫也；由今之道，且顿变千万无赖之尤，民不堪命矣，于兴国何与焉。
> （《坟·文化偏至论》）

这在现在看来，几乎全是预言！中国的资产阶级，经过了短期间的革命，而现在，那些一九〇七年时候的青年，热心于提倡而实行"制造商沽"的青年，正在一面做"志士"，一面预备亡国，而且更进一步，积极地巧妙地卖国了。至于千万无赖之尤的假民权，也正在粉刷着新的立宪招牌。自然，鲁迅当时的思想基础，是尼采的"重个人非物质"的学说。这种学说在欧洲已经是资产阶级反动的反映，他们要用超人的名义，最"先进"的英雄和贤哲的名义，去抵制新兴阶级的群众的集体的进取和改革，说一切群众其实都是守旧的，阻碍进步的"庸众"。可是，鲁迅在当时的倾向尼采主义，却反映着别一种社会关系。固然，这种个性主义，是一般的知识分子的资产阶级性的幻想。然而在当时的中国，城市的工人阶级还没有成为巨大的自觉的政治力量，而农村的农民群众只有自发的不自觉的反抗斗争。大部分的市侩和守旧的庸众，替统治阶级保守着奴才主义，的确是改革进取的阻碍。为着要光明，为着要征服自然界和旧社会的盲目力量，这种发展个性，思想自由，打破传统的呼声，客观上在当时还有相当的革命意义。只要看鲁迅当时的《摩罗诗力说》，他是要"举一切诗人中，凡立意在反抗，指归在动作，而为世所不甚愉悦者悉入之"。摩罗是梵文,欧洲人说"撒但"①,意思是天魔。鲁迅的叙说这些天魔诗人(裴伦等等),目的正在于号召反抗,推翻一切传统的重压的"东方文化"的国故僵尸。他是真正介绍欧洲文艺思想的第一个人。

在那时候——一九〇七年——他的这些呼声差不多完全沉没在浮光掠影的粗浅的排满论调之中,没有得到任何的回响。如果不是《坟》里保存了这几篇历史文献,也许同中国的许多"革命档案"一样,就这么失散了。这些文献的意义,在于回答当时思想界的一个严重问题:群众这样落后怎么办?对于这个问题,当时革命思想界里有一个现成的答复,就是说,群众落后是天生的,因此,不要他们起来革命,等编练了革命军队来替他们革命,而革命成功之后也还不能够给民众自由,而要好好地教训他们几年。而鲁迅所给的答案却有些不同,他是说,因为民众落后,所以更要解放个性,更要思想的自由,要有"自觉的声音",使它"每响必中于人心,清晰昭明,不同凡响"。这虽然也不是正确的立场,然而比"革命的愚民政策"总有点儿不同罢。问题是在于当时中国"亦颇思历举前有之耿光,特未能言,则姑曰左邻已奴,右邻且死,择亡国而较

---

① 撒但,现写作撒旦。——编者注

量之，冀自显其佳胜"，有了这种阿Q式的自譬自解，大家正在飘飘然的得意得很，所以始终是诸葛亮式的革命理论"胜利"，而对于科学艺术的努力进取的呼声反而沉没了。

鲁迅在当时不能够不感觉到非常之孤独和寂寞，他问："今索诸中国，为精神界之战士者安在？"他说俄国文学家科罗连珂的《末光》里，叙述一个老人在西伯利亚教书，书上有黄莺，而那地方却冷得什么也没有，他的学生听说这黄莺会在樱花里唱出美妙的歌声，就只能够侧着头想象那黄莺的声音。这种想望多么使人感动呵。"吾人其亦沉思而已夫，其亦沉思而已夫！"（《坟·摩罗诗力说》）

然而鲁迅其实并不孤独的。辛亥革命的怒潮，不在于一些革命新贵的风起云涌，而在于"农人野老的不明大义"；他们以为"革命之后从此自由"（《总理①全集·民元杭州欢迎会上演说辞》）。不明大义的贫民群众的骚动，固然是给革命新贵白白当了一番苦力，固然有时候只表现了一些阿Q的"白铠白甲"的梦想，然而他们是真的光明斗争的基础。精神界的战士只有同他们一路，才有真正的前途。

---

① 总理，指孙中山，他曾担任中国国民党总理。——编者注

辛亥革命之后,中国的思想界就不可避免地完成了第一次的"伟大的分裂";反映着群众的革命情绪和阶级关系的转变,中国的士大夫式的知识阶层就显然地划分了两个阵营:国故派和欧化派。这是在"五四"前夜,《新青年》早期的新文化运动的开始时期。当时德谟克拉西①先生和赛因思②先生的联盟,继续开展了革命的斗争;这是资产阶级民权革命的深入,也就是现代式的知识阶层生长发展的结果。鲁迅的参加"思想革命"是在这时候就开始的。我们说他的"参加"开始,是因为在这之前,还没有什么可以参加的,他还只能够孤独地"沉思"。而在《新青年》发动了"新文化斗争"之后,反国故派方才成为整个的队伍。

辛亥之后,大家都可以懂得革命是失败了。但是,并不是个个人都觉得到继续统治的是谁。鲁迅说,这是些"现在的屠杀者";"杀了'现在',也便杀了'将来'——将来是子孙的时代"。而杀"现在"的自然是一些僵尸。那时候,还是完全的僵尸统治呵。

这些僵尸,封建性的军阀,官僚式的买办,自然要竭力维持一切种种的国故:宗法社会的旧道德,忠孝节义和

---

① 德谟克拉西,即民主。——编者注
② 赛因思,即科学。——编者注

腐烂发臭的古文化。他们——好比"妻女极多的阔人,婢妾成行的富翁,乱离时候,照顾不到,一遇'逆兵'(或是"天兵"),就无法可想。只得救了自己,请别人都做烈女,'逆兵'便不要了。他便待事定以后,慢慢回来,称赞几句"(《坟·我的节烈观①》)。这些将到"被征服的地位"的人,一定要提倡守节,一定要称赞烈女。而且为着保持自己的统治,自然更要提倡忠孝,因为活人总要想前进,青年总想活动,只有死人可以拖住活的,老人可以管住小孩子,这样就天下太平了。

我想:暴君的专制使人们变成冷嘲,愚民②的专制使人们变成死相。大家渐渐的死下去,而自己反以为卫道有效……世上如果还有真要活下去的人们,就先该敢说,敢笑,敢哭,敢怒,敢骂,敢打,在这可诅咒的地方击退了可诅咒的时代!(《华盖集·忽然想到之五》)

这固然是黎明期的新文化运动的一般精神,然而鲁迅

---

① 即《坟·我之节烈观》,作者鲁迅。——编者注
② 应当说是僵尸。

在这时代已经表现了他的特点：新文化运动的领袖，大家都不免要想做青年的新的导师；而诚实地愿意做一个"革命军马前卒"的，却是鲁迅。他自己"背着因袭的重担，肩住了黑暗的闸门，放他们到宽阔光明的地方去"……他没有自己造一座宝塔，把自己高高供在里面，他却砌了一座"坟"，埋葬他的过去，热烈地希望着这可诅咒的时代——这过渡的时代也快些过去。他这种为着将来和大众而牺牲的精神，贯穿着他的各个时期，一直到现在，在一切问题上都是如此。举一个例说罢，白话运动初起的时候，钱玄同之流不久就开倒车，说《三国演义》那样文言白话夹杂的"言语"就是"合于实际的"模范，理想不可以过高。而另一方面，也有人着重地说明文章的好坏不在于文言白话的分别，而都靠天才，或者要白话好还应该懂古文。这样，每一个新文学家，都在运用"天才"创造新白话文的模范。鲁迅说："这实在使我打了一个寒噤……自己却正苦于背了这些古老的鬼魂，摆脱不开"，而"许多青年作者，又在古文诗词中摘些好看而难懂的字面作为变戏法的手巾，来装潢自己的作品"。（《坟·写在〈坟〉后面》）"新文学兴起以来，未忘积习而常用成语如我的和故意作怪而乱用谁也不懂的生语如创造社一流的文字，都使文艺和大众隔离。"（《三闲集·小小十年小引》）我自己以为只不过是"桥梁中的一木一石,并非什么前途的目标,范本","应该和光阴偕逝,逐渐销亡"。(《坟·写在〈坟〉后面》)然而正因为如此,他这"桥梁"才是真正通达到彼岸的桥梁,他的作品才成了中国新文学的第一座纪念碑;也正因为如此,他的确成了"青年叛徒的领袖"。

"五四"前后,《新青年》的领导作用是谁也不能否认的。当时反对宗法礼教,反对国故,主张妇女和青年的解放,主张白话文学——"理想"的浪潮又激动起来,革命的知识青年开始寻找新的出路,新的前途。然而大家都应该记得,这时期之前不久,正是辛亥革命之后的反动——横亘在思想界前面的重要问题,是理想没有用处,革命的乱闹就是由于一味理想。当时的反动派,的确"提高了他的喉咙,含含糊糊说'狗有狗道理,鬼有鬼道理,中国与众不同,也自有中国的道理。道理各各不同,而一味理想,殊堪痛恨'"(《热风·随感录三十九》)。对于这个问题的答复,却是新文化运动内部分化的开始。不用说,那些治国平天下的老革命党其实是被反动派难倒了,他们赶紧悔过,说以前我们只会破坏,现在要考究建设了;至于理想过高,民众理会不到,那么,革命党本来就不要民众理会,民众总是不知不觉的,叫他们"一味去行",让我们替他们建设理想好了!这是老革命党的投降。而新革命党呢?

"五四"之后不久,《新青年》之中的胡适之派,也就投降了:反动派说一味理想不行,胡适之也赶着大叫"少研究主义,多研究问题"。这种美国市侩式的实际主义,是要预防新兴阶级的伟大思想取得思想界的威权。而鲁迅对于这个问题——革命主义和改良主义的分水岭的问题——是站在革命主义方面的。他揭穿那些反理想重经验的人的假面具,指出他们的所谓"经验"正是皇帝和奴才的经验!

鲁迅在"五四"前的思想,进化论和个性主义还是他的基本。他热烈地希望着青年,他勇猛地袭击着宗法社会的僵尸统治,要求个性的解放。可是,不久他就渐渐地了解到封建的等级制度和中国社会里的层层压榨。一九二四至一九二五年,他的《春末闲谈》、《灯下漫笔》、《杂忆》(《坟》),以及整部的《华盖集》,尤其是一九二六年的《华盖集续编》,都包含着猛烈地攻击阶级统治的火焰。自然,这不是社会科学的论文,这只是直感的生活经验。但是他的神圣的憎恶和讽刺的锋芒,都集中在军阀官僚和他们的叭儿狗。"五四"到"五卅"前后,中国思想界里逐步地准备着第二次的"伟大的分裂"。这一次已经不是国故和新文化的分别,而是新文化内部的分裂:一方面是工农民众的阵营,别方面是依附封建残余的资产阶级。这新的反动思想,已经披上了欧化,或所谓"五四"化的新衣服。

这个分裂直到一九二七年下半年方才完成,而在一九二五至一九二六年的时候,却已经准备着,只要看当时段祺瑞、章士钊的走狗《现代评论》派,在一九二七年之后是怎样的得其所哉,就可知道这中间的奥妙。而鲁迅当时的《语丝》,革命的小资产阶级的文艺思想和批评,正是针对着那些未来的"官场学者"的。现在读者往往以为《华盖集》正、续编里的杂感,不过是攻击个人的文章,或者有些青年已经不大知道"陈西滢"等类人物的履历,所以不觉得很大的兴趣。其实,不但"陈西滢",就是"章士钊"(孤桐)等类的姓名,在鲁迅的杂感里,简直可以当做普通名词读,就是认做社会上的某种典型。他们个人的履历倒可以不必多加考究,重要的是他们这种"媚态的猫","比它主人更严厉的狗","吸人的血还要预先哼哼地发一通议论的蚊子","嗡嗡地闹了半天,停下来舐一点油汗,还要拉上一点蝇矢的苍蝇"……到现在还活着,活着!揭穿这些卑劣、懦怯、无耻、虚伪而又残酷的刽子手和奴才的假面具,是战斗之中不可少的阵线。

　　的确,旧的卫道先生们渐渐地没落了,于是需要在他们这些僵尸的血管里,注射一些"欧化"的西洋国故和牛津剑桥哥伦比亚的学究主义,再加上一些洋场流氓的把戏,然后"僵尸"可以暂时"复活",或者多留恋几年"死尸的生命"。这些欧化绅士和洋场市侩,后来就和"革命军人"结合了新的帮口,于是僵尸统治,变成了戏子统治。僵尸还要做戏,自然是再可怕也没有了。

"中国的原始积累式的商业资本,在乡村之中和封建统治的地主有一种特别形式的结合。中国的军阀和一切残酷无情抢劫民众的文武官僚,都是中国这种特别形式的结合的上层建筑。帝国主义和他们所有的一切财政上军事上的力量,就在中国维持并且推动这些封建残余以及它们全部军阀官僚的上层建筑,使它们欧化,又使它们守旧。"(约瑟夫)这就是中国僵尸欧化的原因。袁世凯以来的北洋军阀要想稳定这种新的统治,但是,他们只会运用一些"六君子"① 之类"开国元勋","后来的武人可更蠢了,……除了残虐百姓之外,还加上轻视学问荒废教育的恶名"(《华盖集续编·一点比喻》)。问题是在于要统治奴隶就要有一定的奴隶规则(看《坟·灯下漫笔》)。而新的奴隶规则,要新的"山羊"来帮忙才定得出来。这样的山羊"脖子上还挂着一个小铃铎,作为智识阶级的徽章……能够领了群众稳妥平静地走去,直到它们应该走到的所在……这

---

① 指筹安会六君子,即杨度、孙毓筠、严复、刘师培、李燮如、胡瑛。——编者注

是说：虽死也应该如羊，使天下太平，彼此省力。"（《华盖集续编·一点比喻》）段祺瑞章士钊时代——"五卅"时代的陈西滢们，就企图做成这样的"山羊"。虽然这企图延长了若干年，而他们现在是做"成功"了！新的朝代，有了新的"帮忙文人"，而且已经像生殖力最强的猪猡和臭虫似的，生出了许许多多各种各式的徒子徒孙。当时——一九二五、一九二六年——他们的努力，例如剿杀"学匪"，或者请出西哲勖本霍尔①来痛打女师大的"毛丫头"之类，总算不是枉费的。

鲁迅当时反对这些欧化绅士的战斗，虽然隐蔽在个别的甚至私人的问题之下，然而这种战斗的原则上的意义，越到后来就越发明显了。统治者不能够完全只靠大炮机关枪，一定需要某种"意识代表"。这些代表们的虚伪和戏法是无穷的。暴露这些"做戏的虚无主义者"（看《华盖集续编·马上支日记》），也就必须有持久的韧性的斗争。

他们在"五卅"的时候，说打倒帝国主义的口号是"分裂与猜忌的现象"（徐志摩），说中国人的"打，打，宣战，宣战"，是"这样的中国人，呸！"——这意思是中

---

① 勖本霍尔，今译叔本华，德国哲学家，唯意志论的创始人和主要代表之一。——编者注

国人该被打而不做声（陈西滢）。他们在"三一八"之后，立刻就说"执政府前原是'死地'……群众领袖应负道义上的责任"。这些"墨写的谎说"难道掩得住"血写的事实吗"?！然而鲁迅在这一次做了一个"错误"："我向来是不惮以最坏的恶意来猜测中国人的，然而我还不料，也不信竟会下劣凶残到这地步！"（《华盖集续编·记念刘和珍君》）他在当时已经说是"民国以来最黑暗的一天"，然而他更不料十四年后的黑暗会超越"三一八"屠杀的几百千倍。鲁迅如果有"错误"，那么，我们不能够不同意他自己的批评："我还欠刻毒！"地主官僚和资产阶级社会的丑恶，实在远超出于文学家最深刻的"构陷别人的罪状"！而文饰这种丑恶的，正是那些山羊式的文人。

所以当"五卅"时期，一般人，甚至革命者的思想，都在"一致对外"的口号之下，多多少少忽略国内的阶级战争的同时开展；这又是新的阶段的更加严重的问题。而鲁迅就提出这样的质问："然而中国有枪阶级的焚掠平民，屠杀平民，却向来不很有人抗议。"（《华盖集·忽然想到之十一》）回答这个问题的，是"五卅"之后的巨大的群众革命浪潮。革命是在进到新的阶段，"死者遗给后来的德功，是撕去了许多东西的人相，露出那出于意料之外的阴毒的心，教给继续战斗者以别种方法的战斗。"（《华盖集续编·空谈》）这就是要打倒帝国主义和军阀，就必须打倒这些阴毒"东西"——动物！就不再是请愿，不只是"和平宣传"，不是合法主义，而是……

血债必须用同物偿还。拖欠得愈久，就要付更大的利息！（《华盖集续编·无花的蔷薇之二》）

此后的"血债"是越拖越多了。

泪揩了，血消了；
屠伯们逍遥复逍遥，
用钢刀的，用软刀的。
然而我只有"杂感"而已。（《而已集·题辞》）

僵尸的统治转变成戏子的统治，这个转变完成之后，不善于做戏的僵尸虽然退了位，而会变戏法的僵尸就更加猖獗起来。活人和死人的斗争，灭亡路上的阶级的挣扎和新兴阶级领导的群众的反抗，经过一番暴风雨的剧变而进到了新的阶段。鲁迅说："我是在二七年被血吓得目瞪口呆，离开广东的，那些吞吞吐吐没有胆子直说的话，都载在《而已集》里。"就是以后的《三闲集》（一九二八至一九二九年)、《二心集》(一九三〇至一九三一年),又何尝不是哭笑不得的"而已"!可是,正是这期间鲁迅的思想反映着一般被蹂躏被侮辱被欺骗的人们的彷徨和愤激,他才从进化论最终地走到了阶级论,从进取的争求解放的个性主义进到了战斗的改造世界的集体主义。如果在以前,鲁迅早就感觉到中国社会里的科举式的贵族阶级和租佃官僚制度之下的农奴阶级之间的对抗,那么,现在他就更清楚地见到那种封建式的阶级对抗之外,正在发展着资本和劳动的对抗。他"一向是相信进化论的,总以为将来必胜于过去,青年必胜于老人",然而他"目睹了同是青年,而分成两大阵营,或则投书告密,或则助官捕人的事实"!他的"思路因此轰毁"(《三闲集·序言》)。是的,以前"父与子"的辈分斗争只是前一阶段的阶级斗争的外套,现在——封建宗法残余的统治掺杂了一些流氓资本的魔术——不但更明显地露出劳动和资本的阶级战斗,而且反封建残余的斗争也不再是纯粹的"父与子"斗争的形式。同时,新兴阶级的领导展开了真正推翻帝国主义和僵尸,推翻流氓资本和地主官僚的新结合的远景。贫民小资产阶级和革命的知识阶层,终于发现了他们反对剥削制度的朦胧的理想,只有同着新兴的社会主义的先进阶级前进,才能够实现,才能够在伟大的斗争的集体之中达到真正的

"个性解放"。

这样,当时革命"过程"在思想界的反映,就是"五四"式的知识阶层的最终的分化:一些所谓欧化青年完全暴露了自己是"丧家的"或者"不丧家的""资本家的乏走狗",替新的反动去装点一下摩登化的东洋国故和西洋国故。而另外一些革命的知识青年却更确定更明显地走到劳动民众方面来,围绕着革命的营垒。最优秀的最真诚的不肯自己背叛自己的光明理想的分子,始终是要坚决地走上真正革命的道路的。

最早期的真正革命文学运动——"五四"式的新文学分化之后的革命文学运动——不能够不首先反对摩登化的遗老遗少,反对重新摆上的"吃人的筵宴",以及这种筵宴旁边的鼓乐队。蹂躏革命"战士的精神和血肉……赏玩,攀折这花,摘食这果实的人们",这些流氓式的戏子,扶着几乎断送"死尸的生命"的僵尸,"稳定了"他们的新的统治。于是乎他们的鼓乐队里,就掺和了些"意大利的唐南遮,德国的霍普德曼(冤枉!),西班牙的伊本纳兹,中国的吴某某"① 等等,而偏偏还要说这是革命文学!这其实

---

① 唐南遮,现译邓南遮,意大利作家。吴某某,即吴稚晖,曾受到鲁迅的抨击,见《而已集·革命文学》。——编者注

是"在指挥刀的掩护之下斥骂他的敌手的"低能儿(《而已集·革命文学》),这其实是段政府之下的陈西滢们的徒子徒孙。据说是段祺瑞、张学良等投降了"革命",陈西滢们"转变了"方向;然而就社会的意义上来说,究竟是谁投降了谁,谁转变了方向,是大成问题的。这时候的新鲜戏法,只在于:"命自然还是要革的,然而又不宜太革……剩了一条'革命文学'的独木小桥,所以外来的许多刊物,便通不过,扑通,扑通,都掉下去了。"(《而已集·扣丝杂感》)

"独木小桥"始终只是独木小桥。那些"扑通,扑通"掉下去的却学会了游水。真正的革命文艺思想正在这一时期开始深入的发展。在这新阶段上,革命文艺思想经过内部的斗争而逐渐地形成新的阵营。这种不可避免的斗争提出了新的问题,这已经不是父与子的问题,也不仅是暴露指挥刀后的屠伯们的问题。这是关于革命队伍的战略的争论。

新兴阶级的文艺思想,往往经过革命的小资产阶级作家的转变,而开始形成起来,然后逐渐地动员劳动民众和工人之中的新的力量。集中新的队伍,克服过去的"因袭的重担",同时,扩大同路人的阵线。这不但在日本、美国、德国,甚至于在苏联,也经过波格唐诺夫式的幼稚病。关于这种幼稚病,德国的昆哈曾经说过:一些小集团居然自以为独得了"工人阶级的文化代表的委任状"——包办代表事务。这大概是"历史的误会"。创造社的转变,太阳社的出现,只在这方面讲来,是有客观上的革命意义的。

然而革命军进行的时候,"时时有人退伍,有人落荒,有人颓唐,有人叛变,然而只要无碍于行进,则愈到后来,这队伍也就愈成为纯粹,精锐的队伍了。"(《二心集·非革命的急进革命论者》)无产阶级和周围的各种小资产阶级之间本来就没有一座万里长城隔开着,何况小资产阶级又有各种各样不同的阶层和集团呢。

小资产阶级的知识阶层之中,有些是和中国的农村、中国的受尽了欺骗压榨束缚愚弄的农民群众联系着。这些农民从几千百年的痛苦经验之中学会了痛恨老爷和田主,但是没有学会,也不能够学会怎样去回答这些问题,怎样去解除这种痛苦。"旧社会将近崩坏之际,是常常会有近似带革命性的文学作品出现的。然而其实并非真的革命文学。例如:或者憎恶旧社会,而只是憎恶,更没有对于将来的理想;或者也大呼改造社会,而问他要怎样的社会,却是不能实现的乌托邦。"(《三闲集·现今的新文学的概观》)然而,宽泛些说,这种文艺当然也是革命的文学,因为它至少还能够反映社会真相的一方面,暗示改革所应当注意的方向。而同时,这些早期的革命作家,反映着封建宗法社会崩溃的过程,时常不是立刻就能够脱离个性主义——怀疑群众的倾向的;他们看得见群众——农民小私有者的群众的自私,盲目,迷信,自欺,甚至于驯服的奴隶性,可是,往往看不见这种群众的"革命可能性",看不见他们的笨拙的守旧口号背后隐藏着革命的价值。鲁迅的一些杂感里面,往往有这一类的缺点,引起他对于革命失败的一时的失望和悲观。

另一方面,"五四"到"五卅"之间中国城市里迅速地积聚着各种"薄海民"(Bohemian)——小资产阶级的流浪人的知识青年。这种知识阶层和早期的士大夫阶级的"逆子贰臣",同样是中国封建宗法社会崩溃的结果,同样是帝国主义以及军阀官僚的牺牲品,同样是被中国畸形的资本主义关系的发展过程所"挤出轨道"的孤儿。但是他们的都市化和摩登化更深刻了,他们和农村的联系更稀薄了,他们没有前一辈的黎明期的清醒的现实主义——也可以说是老实的农民的实事求是的精神——反而传染了欧洲的世纪末的气质。这种新起的知识分子,因为他们的"热度"关系,往往首先卷进革命的怒潮,但是,也会首先"落荒"或者"颓废",甚至"叛变"——如果不坚决地克服自己的浪漫谛克主义。"这种典型最会轻蔑地肿着鼻子说:'我不是那种唱些有机的工作,实际主义和渐进主义的赞美歌的人.'这种典型的社会根源是小资产者,他受着战争的恐怖,突然的破产,空前的饥荒和破坏的打击而发疯了,他歇斯替利①地乱撞,寻找着出路和挽救,一方面信仰无产阶级而赞助它,别方面又绝望地狂跳,在这两方面之间动摇着。"(乌梁诺夫)这种人在文艺上自然是"才子",自然不肯做"培养天才的泥土",而"很早就恨恨地磨墨,立刻写出很高明的结论道:'唉,幼稚得很。中国要天才!'"(《坟·未有天才之前》)革命的怒潮到了,他们一定是革命的;革命暂时失败了,他们之中也一定有些消极,有些叛变,有些狂跳,而表示一些"令人'知道点革命的厉害',只图自己说得畅快的态度,也还是中了才子加流氓的毒"(《二心集·上海文艺之一瞥》),于是要"包办"工人阶级文艺代表的"事务"。

《三闲集》以及其他杂感杂集之中所保留着的鲁迅批评创造社的文章,反映着一九二七年以后中国文艺界之中这两种态度、两种倾向的争论。自然,鲁迅杂感的特点,在那时特别显露那种经过私人问题去照耀社会思想和社会现象的笔调。然而创造社等类的文学家,单说真有革命志愿的(像叶灵凤之流的投机分子,我们不屑去说到了),也大

---

① 歇斯替利,现写作歇斯底里。——编者注

半扭缠着私人的态度、年纪、气量以至酒量的问题。至少，这里都表现着文人的小集团主义。

这时期的争论和纠葛转变到原则和理论的研究，真正革命文艺学说的介绍，那正是革命普洛文学的新的生命的产生。而还有人说：那是鲁迅"投降"了。现在看来，这种小市民的虚荣心，这种"剥削别人的自尊心"的态度，实在天真得可笑。

这是已经过去的问题了，也当然是过去的了。

鲁迅现在说"我有一件事要感谢创造社的，是他们'挤'我看了几种科学的文艺论，明白了先前的文学史家们说了一大堆还是纠缠不清的问题……以救正我——还因我而及于别人的——只信进化论的偏颇"（《三闲集·序言》）。"我时时说些自己的事情，怎样地在'碰壁'，怎样在做蜗牛，好像全世界的苦恼，萃于一身，在替大众受罪似的：也正是中产的智识阶级分子的坏脾气。"（《二心集·序言》）

鲁迅从进化论进到阶级论，从绅士阶级的逆子贰臣进到无产阶级和劳动群众的真正的友人，以至于战士，他是经历了辛亥革命以前直到现在的四分之一世纪的战斗，从痛苦的经验和深刻的观察之中带着宝贵的革命传统到新的阵营里来的。他终于宣言："原先是憎恶这熟识的本阶级，毫不可惜它的溃灭,后来由于事实的教训,以为唯有新兴的无产者才有将来。"(《二心集·序言》)关于最近期间,"九一八"以后的杂感,我们不用多说,他是站在战斗的前线,站在自己的哨位上。他在以前,就痛切指出来:"大小无数的人肉的筵宴,即从有文明以来一直排到现在,人们就在这会场中吃人,被吃,以凶人的愚妄的欢呼,将悲惨的弱者的呼号遮掩,更不消说女人和小儿。这人肉的筵宴现在还排着,有许多人还想一直排下去。扫荡这些食人者,掀掉这筵席,毁坏这厨房,这是现在的青年的使命!"(《坟·灯下漫笔》)而现在,这句话里的"青年"两个字上面已经加上了新的形容词,甚至于完全换了几个字——他在日本帝国主义动手瓜分,英美国联进行着共管,而中国的绅商统治阶级耍着各种各样的戏法零躉发卖中国的时候——忍不住要指着那些"民族主义文学者"说:"他们①将只尽些送丧的任务,永含着恋主的哀愁,须到……阶级革命的风涛怒吼起来,刷洗山河的时候,这才能脱出这沉滞猥劣和腐烂的运命。"(《二心集·民族主义文学的任务和运命》)

然而鲁迅杂感的价值决不止此。他自己说,"因为从旧

---

① 老年的和青年的。

垒中来,情形看得较为分明,反戈一击,易制强敌的死命。"(《坟·写在〈坟〉后面》)从满清末期的士大夫、老新党、陈西滢们……一直到最近期的洋场无赖式的文学青年,都是他所亲身领教过的。刽子手主义和僵尸主义的黑暗,小私有者的庸俗、自欺、自私、愚笨,流浪赖皮地冒充虚无主义,无耻、卑劣、虚伪的戏子们的把戏,不能够逃过他的锐利的眼光。历年的战斗和剧烈的转变给他许多经验和感觉,经过精炼和融化之后,流露在他的笔端。这些革命的传统(revolutionary traditions)对于我们是非常之宝贵的,尤其是在集体主义的照耀之下:

第一,是最清醒的现实主义。"中国人向来因为不敢正视人生,只好瞒和骗,由此也生出瞒和骗的文艺来,由这文艺,更令中国人更深地陷入瞒和骗的大泽中,甚而至于已经不自觉得。"(《坟·论睁了眼看》)这种思想其实反映着中国的最黑暗的压迫和剥削制度,反映着当时的经济政治关系。科举式的封建等级制度,给每一个"田舍郎"以"暮登天子堂"的幻想;租佃式的农奴制度给每一个农民以"独立经济"的幻影和"爬上社会的上层"的迷梦。这都是几百年来的"空前伟大的"烟幕弹。而另一方面,在极端重压的没有出路的情形之下,散漫剥夺了取得知识文化的可能的小百姓,只有一厢情愿地找些"巧妙"的方法去骗骗皇帝官僚甚至于鬼神。大家在欺人和自欺之中讨生活。统治阶级的这种"文化遗产"甚至于像沉重的死尸一样，压在革命队伍的头上，使他们不能够迅速地摆脱。即使"到处听不见歌吟花月的声音了，代之而起的是铁和血的赞颂。然而倘以欺瞒的心，用欺瞒的嘴，则无论说 A 和 O，或 Y 和 Z，一样是虚假。"(《坟·论睁了眼看》) 鲁迅是竭力暴露黑暗的，他的讽刺和幽默，是最热烈最严正的对于人生的态度。那些笑他"三个冷静"的人，固然只是些嗡嗡嗡的苍蝇。就是嫌他冷嘲热讽的"不庄严"的，也还是不了解他，同时，也不了解自己的"空城计"式的夸张并不是真正的战斗。可是，鲁迅的现实主义决不是第三种人的超然的旁观的所谓"科学"态度。善于读他的杂感的人，都可感觉到他的燃烧着的猛烈的火焰在扫射着猥劣腐烂的黑暗世界。"世界日日改变，我们的作家取下假面，真诚地，深入地，大胆地看取人生并且写出他的血和肉来的时候早到了；早就应该有一片崭新的文场，早就应该有几个凶猛的闯将！"(《坟·论睁了眼看》)

第二，是"韧"的战斗。"对于旧社会和旧势力的斗争，必须坚决，持久不断，而且注重实力。……我们急于造出大群的新的战士，但同时，在文学战线上的还要韧。"(《二心集》五六页)"野牛成为家牛，野猪成为猪，狼成为狗，野性是消失了，但只是使牧人喜欢，于本身并无好处……我以为还不如带些兽性，如果合于下列的算式倒是不很有趣的：人+家畜性=某一种人。"（《而已集·略论中国人的脸》）而兽性就在于有"咬筋"，一口咬住就不放，拼命地刻苦地干去，这才是韧的战斗。牧人们看见小猪忽然发一阵野性，等忽儿可驯服了，他们是不忧愁的，所以这种兽性和韧的战斗决不是歇死替利地可以干得来的。一忽儿"绝望的狂跳"，一忽儿又"萎靡而颓伤"，一忽儿是嚣张的狂热，一忽儿又捶着胸膊忏悔，那有什么用处。打仗就要像个打仗。这不是小孩子赌气，要结实地立定自己的脚跟，躲在壕沟里，沉着地作战，一步步地前进——这是鲁迅所谓"壕堑战"的战术。这是非合法主义的战术。如果敌人用"激将"的办法说"你敢走出来"，而你居然走了出去，那么，这就像许褚赤膊上前阵，中了箭是活该。而笨到会中敌人的这一类的奸计的人，总是不肯也不会韧战的。

第三，是反自由主义。鲁迅的著名的"打落水狗"（《坟·论费厄泼赖应该缓行》），真正是反自由主义，反妥协主义的宣言。旧势力的虚伪的中庸，说些鬼话来掺杂在科学里，调和一下，鬼混一下，这正是它的诡计。其实这斗争的世界，有些原则上的对抗事实上是决不会有调和的。

所谓调和只是敌人的缓兵之计。狗可怜到落水,可是它爬出来仍旧是狗,仍旧要咬你一口,只要有可能的话。所以"要打就得打到底"——对于一切种种黑暗的旧势力都应当这样。但是死气沉沉的市侩——其实他们对于在自己手下讨生活的人一点儿也不死气沉沉——表面上往往会对所谓弱者"表同情",事实上他们有意地无意地总在维持着剥削制度。市侩,这是一种狭隘的浅薄的东西,他们的头脑(如果可以说这是头脑的话),被千百年来的现成习惯和思想圈住了,而在这个圈子里自动机似的"思想"着。家庭、私塾、学校、中西"人道主义"的文学的影响,一切所谓"法律精神"和"中庸之道"的影响,把市侩的脑筋造成了一种简单机器,碰见什么"新奇"的、"过激"的事情,立刻就会像留声机似的"啊呀呀"的叫起来。这种"叭儿狗""虽然是狗,又很像猫,折中、公允、调和,平正之状可掬,悠悠然摆出别个无不偏激,唯独自己得了'中庸之道'似的脸来"。鲁迅这种暴露市侩的锐利的笔锋,充分地表现着他的反中庸的、反自由主义的精神。

第四,是反虚伪的精神。这是鲁迅——文学家的鲁迅、思想家的鲁迅的最主要的精神。他的现实主义,他的打硬仗,他的反中庸的主张,都是用这种真实,这种反虚伪做基础。他的神圣的憎恶就是针对着这个地主资产阶级的虚伪社会,这个帝国主义的虚伪世界的。他的杂感简直可以说全是反虚伪的战书,譬如别人不大注意的《华盖集续篇》①就有许多猛烈而锐利地攻击虚伪的文字,久不再版的《坟》里的好些长篇也是这样。而中国的统治阶级特别善于虚伪,他们有意地无意地要把虚伪笼罩群众的意识;他们的虚伪是超越了全世界的纪录了。"中国的一些人,至少是上等人,他们的对于神、宗教、传统的权威,是'信'和'从'呢,还是'怕'和'利用'?只要看他们的善于变化,毫无特操,是什么也不信从的,但总要摆出和内心两样的架子来。要寻虚无党,在中国实在很不少"……他们什么都不信,但是他们"虽然这样想,却是那么说,在后台这么做,到前台可那么做"……这叫做"做戏的虚无党"。(《华盖集续编·马上支日记》)虚伪到这地步,其实是顶老实了。西洋资产阶级的民族主义者或民权主义者,或者改良妥协的所谓社会主义者,至少在最初黎明期的时候,自己也还蒙在鼓里,一本正经地信仰着什么,或者理论,或者宗教,或者道德——这种客观上的欺骗作用比较的强些,而中国的是明明知道什么都是假的,不过偏要这

---

① 即《华盖集续编》。——编者注

么说说，做做，骗骗人，或者简直武断地乱吹一通，拿来做杀人的理论。自然，自从西洋发明了法西斯主义，他们那里也开始中国化了。呜呼，"先进的"中国呵。

　　自然，鲁迅的杂感的意义，不是这些简单的叙述所能够完全包括得了的。我们不过为着文艺战线的新任务，特别指出杂感的价值和鲁迅在思想斗争史上的重要地位，我们应当向他学习，我们应当同着他前进。

一九三三年四月八日，北平①

---

① 写作地为上海，署"北平"以迷惑当局。——编者注

学阀万岁！

一

一九三一年五月四日的上海《申报》寄到了。原来五四运动过去已经十二年！时间过得真快。古中国文①的上祖，大约积了不少功德，居然延寿一纪——十二年。五四运动的"光荣"呢？

"五四"的"光荣"多得很。现在我们只讲"五四"的文学革命的成绩。固然，"五四"的文学革命和当时的一

---

① "古中国文"或者"古代中国文"这个新名词，是我发明出来的。中国的所谓周秦汉魏八代的古文，算是上古中国文，梁启超式的文言文是"古中国文"——"古代中国文"。因为这种文字，照他的性质、文法——句法的结构和语尾的配合等，和现代中国文的区别，不能算小；这种区别，比较古希腊文和现代希腊文的区别，古英文和现代英文，拉丁文和法文，斯拉夫文和俄文的区别，简直是差不多的；所以我替他起一个名词，叫做"古中国文"。

切种种运动：爱国运动、社会运动、妇女运动、反对礼教运动等等，都是密切相关的，仿佛留声机和唱片的关系一样。这点小道理，连当初反对文学革命的反革命军总司令——林琴南先生，都知道得很清楚。然而，姑且假定"五四"所发动的其他一切运动都已经成功，都已经胜利，我们不必谈罢——要谈，也留着在这里（纽约）的"中华浪人"之中谈谈，用不着去吵闹中国的文坛。这样，我们是"今夕只谈风月"——讲讲中国文学革命的"光荣"。

林琴南先生说：

……晚清之末造，慨世者恒曰：去科举，停资格，废八股，斩豚尾，复天足，逐满人，扑专制，整军备，则中国必强。今百皆凡遂矣，强又安在？于是乎更进一解，必覆孔孟，铲伦常为快。（一九一八年林琴南给蔡元培的信）

他接着又说：

若尽废古书，行用土语为文学，则都下引车卖浆之徒所标之语，按之皆合文法，不类闽粤为无文法之啁

啾;据此,则凡京津之稗贩均可用为教授矣,若"水浒""红楼"皆为白话之圣,并足为教科之书。(同上)

照他的意思,用白话作文章和反对孔教的运动是一件事,是又来一次革命——这句话说得的确有见识。然而他以为前一次辛亥革命没有把中国弄成强国,现在来一个反对宗法封建的革命,也一定是徒然的。他这个预言,却"没有"应验了!

"五四"发动的新文化运动,的确又开辟了最近一次国民革命的途径:许多革命青年和劳动群众替国民革命军当了四五年的"苦力"。当初"外抗强权,内除国贼,解放工农,解放妇女,打倒礼教,推翻偶像,颠覆孔孟,普及教育……"等等口号,都因此"完完全全地做到了"。林琴南先生运气不好,没有遇见德国著名的医学博士,替他施行返老还童的手术,因此,"不幸短命死矣",竟没有看得见现在三民主义的羲皇盛世,呜呼!① 可是,林琴南先生所反对的白话文却没有得到胜利,古代中国文却延长了十二年的寿命,将来还要延长几"纪",以至于几世纪——却还不知道呢。这真是奇怪之至的事情!

---

① "呜呼"两字,要照上古的古音读,不是 uhu,而是 aha。

或者有人要说我是少见多怪。他们的理由是：中国的资产阶级民权革命并没有完成——列强没有打倒①，国贼没有除掉，工农平民没有取得政权，劳动妇女没有得着解放，宗法礼教孔孟道统没有推翻，教育没有普及，偶像没有捣毁，所以，文学革命自然也不会彻底成功。可是，这种说法，是"荒谬绝伦"的马克思主义唯物史观的观点，是"红匪"的造谣惑众，这完全和事实不相符合。现在是三民主义青天白日的中国，连普及教育问题都已经完全解决，只要看中国中央地方政府的支出之中，教育经费就要占到百分之三四十以上，军费已经只占百分之八九了。② 所以他们说中国的文学革命至今没有成功并没有什么奇怪；我却偏偏要说：这是奇怪之至！

"闲言少叙，书归正传"，究竟奇怪的是什么？——奇怪的是：古文大家林琴南没有返老还童，古文却返老还童了。古代中国文，现在脱胎换骨，改头换面，用了一条金

---

① "打倒列强，打倒列强，除军阀，除军阀，……"这支国民革命歌是非常之美妙，天字第一号的艺术作品。有人说这调头是西洋人骗小孩子睡觉的儿歌。真是胡话八道，西洋"红匪"的造谣！我这里特别用"打倒列强"，而不用"打倒帝国主义"的字眼，是因为：一则"外抗强权"是"五四"的老口号，二则"帝国主义"这个名词是当初"红匪"造出来的，那时国民党领袖张继先生等，就说这是挑拨友邦恶感的名词。

② 有人说军费是占全国支出百分之八九十，不是百分之八九。这当然是马克思主义所谓算学也有阶级性的"胡说"，不合中国国情。

蝉脱壳的妙计，重新复活了起来。总之，这次文学革命，和国民革命"大不相同"，差不多等于白革。读者诸君记住：我所说的是"差不多"，并不是说完全白革。中国的文学革命，产生了一个怪胎——像马和驴子交媾，生出一匹骡子一样，命里注定是要绝种的了。

怎么中国文学革命所产生的新文学是一匹骡子，是古代中国文的返老还童呢？读者诸君不要心慌，等在下慢慢地一段一段地说出来。

二

中国文学革命运动所生出来的"新文学"，为什么是一只骡子呢？因为他是"非驴非马"：既然不是对于旧文学宣战，又已经不敢对于旧文学讲和；既然不是完全讲"人话"，又已经不会真正讲"鬼话"；既然创造不出现代普通话的"新中国文"，又已经不能够运用汉字的"旧中国文"。① 这叫做"不战不和，不人不鬼，不今不古——非驴非马"的骡子文学。这是什么原因呢？

原因吗？除出中国社会实际生活里面的许多原因之外，

---

① "旧中国文"：用汉字写的文字，我叫他"旧中国文"，用罗马字母写的中国文，我叫他"新中国文"。

还有一个"次要的"原因,就是"文学革命党"自己的机会主义。

第一,请看当初蔡元培、胡适之、陈独秀等发动文学革命时候的态度。林琴南反对当时"北京大学"的提倡"废孔孟,灭伦常"和"尽废古书,行用土语为文学",而蔡元培答复他的口气是怎样的呢?他说:难道"北大"教员曾经用"废孔孟,铲伦常"教授学生了吗,难道他们主张"废孔孟,铲伦常"吗,难道"北大"废除古文,专用白话吗,难道白话不能够同样传达古书里面的道理吗,难道白话文学就等于"引车卖浆者所操之语"吗?!这五个"难道"把蔡元培等等的妥协态度——可怜的神气表现得"活龙活现"。这种神气,简直是在"古文政府"的审判厅上受审问,挨着"非刑敲打"而哭啼啼的告饶了。这是说:我们并不要革命,只要改良,并不要"铲伦常,灭孔孟",只要用白话来传达古书里面的道理。这样,"新文学"一开始就表示不敢推翻旧文学的"政府",而只要求"立宪"。四书五经一直到上海小调,京津大鼓里面的旧文艺的精神("孔孟伦常忠孝节义"等等)应当继续维持着统治的地位,只要"御赐"几分自由给易卜生、托尔斯泰、鲁迅、周作人就够了!

第二,对于废除古文专用白话的问题,蔡元培、胡适之等也是这种态度。他们只要求在文言的统治之下,给白话一个位置,并不敢梦想"专用白话"的。直到一九二九年,刘大白方出来主张完全用白话。① 然而连他都主张"中国要不要改用拼音文字,还是一个问题",而且认为要用"标准统一的人话(现代话)的文腔,来做统一文化同化异族的工具"。这仍旧是投降鬼话(古文)所用的汉字。其实,汉字存在一天,真正的"人话文"——现代中国文(就是完全用白话的中国文字)就一天不能够彻底的建立起来。

第三,只有赵元任等极少数的人,明白这层道理。② 然而他所领导着而制造出来的"国语罗马字"仍旧不敢脱离汉字"语调"(四声)的束缚。因此,仍旧创造不出真正适合现代普通话的文字。他这种"国语罗马字"(就是一九二八年国民政府大学院公布的),就成了"古今合璧"的北京官话的拼音方法。而且国民政府的布告说:这"可作为国音字母第二式"。这是第二式,那么,什么是"第一式"呢?当然是那种不中不外不东不西的注音字母。这种

---

① 刘大白的《白屋文话》是在一九二九年方才出版的。这本《白屋文话》里面的文章,虽然有些还是一九二七年做的,可是发表给全中国读者的时候,已经是一九二九年了。底下再详细说。

② 赵元任著的《国语罗马字对话戏戏谱——最后五分钟》,中华书局出版。关于文腔革命和文字革命,留着底下两篇再说。

注音字母，现在已经改名叫做注音符号。这意思是只要用它来做一种符号，注明汉字的读音。这样，汉字的不废除，是没有疑问的了！

文学革命本来首先是要用文学上的新主义推翻旧主义，用新的艺术推翻旧的艺术。但是，在二十世纪的中国，要实行这种"文艺革命"，就不能够不实行所谓"文腔革命"——就是用现代人说话的腔调，来推翻古代鬼说话的腔调，专用白话写文章，不用文言写文章。而且，要彻底地用"人腔"白话来代替"鬼腔"文言，还必须废除汉字，改用拼音文字，就是实行"文字革命"。这在所谓"五千年持续不断的"古文化国，是多么严重艰苦的革命斗争。而"文学革命党"，却用那么妥协的机会主义策略来对付！自然，文学革命弄到现在，还是非驴非马的骡子文学了！

三

记得一九一六年，"五四"时代文学革命的旗帜上"大书特书着吾革命军三大主义"：

> 曰，推倒雕琢的阿谀的贵族文学，建设平易的抒情的国民文学；
> 曰，推倒陈腐的铺张的古典文学，建设新鲜的真

诚的写实文学；

曰，推倒迂晦的艰涩的山林文学，建设明了的通俗的社会文学。

这是很鲜明的文学革命之中的文艺革命旗帜，是有一种新的主义和新的艺术做目标的。而且，这个旗帜虽然鲜明，可是并没有鲜明"过分"，这并不是"红匪"的大红旗，而恰好的是国民党的青白旗。①

现在我们来看一看：文学革命军打着这么大的旗号，他和旧文艺的战争，究竟打出了怎样的局面？原来，十二年来这个战争只是摇旗呐喊的虚张声势罢了。事实上简直只是茶馆子里面的打架：把辫子一盘，袖子一撸，胸膛一拍，叫一声"你来，你来！"仿佛是要打起来了。可是，再过一忽儿，又好好地坐着吃茶讲理了！

固然，形成了一种"新文学"——所谓"新文学"。新文学的"新主义"据说是要"推倒贵族文学，建设国民文学"。现在国民文学在哪里呢？贵族文学推倒了没有呢？贵族文学却脱胎换骨地变成了绅商文学。以前的贵族文学是什么？自然是些"文以载道"的古文；但是，当时大多

---

① 青白，就是身家清白的意思——不是下流人，而是高等华人。

数人看的旧小说,"才子佳人,忠君爱国,善恶报应"的文艺,难道不是"文以载道"的文学吗?——他所"载"的道是和古文同样的"道"呵。现在新文学的意识形态之中,有一部分虽然已经不是代表旧式的贵族,可是却代表着新式的绅商。这自然是一件好事。第一是因为既然是新式的绅商,当然就不是旧式的古董,"用不着"再和旧的文艺去打架了。第二是因为"绅商阶级就是民族",绅商有了文学,中国的民族文学就建立了。

为什么绅商文学自然就是新式文学呢?因为"绅商"本身就是新式的人物。中国以前有绅士而没有"绅商"。当时的绅士,甚至于不屑和商界人结婚呢。绅士是贵族,"是清高的",甚至于开钱庄当铺还要秘密地开呢——因为"怕难为情"。可是,现在情形早就变更了。现在!绅士都商人化了;不商人化,连绅士也当不成了;商人,真正殷实的商人,个个都升任了绅士。绅士一定做商人,做了大商人的,也一定就当绅士。固然,仔细研究起来,有由绅而商的,也有由商而绅的;然而绅商混合起来,成了一个"阶级"——这是千真万确的事。你们不看见:中国每一个县里,每一个大小码头,那里不是商会就等于当地的绅董会议吗?所谓"地方上的舆论",是他们的舆论;所谓"地方上的事业",是他们的事业……军阀打仗的时候,有所谓

"保全地方"的口号，也就是保全他们的身家生命的意思。这里附带的要申明一句：绅商的"商"字，不能够死板地去了解他的。这个"商"字，照现在的惯例是代表一切银行界实业界工厂老板……可是，有的时候真正做生意的小买卖人，却不在这个"商"字里面。总之，这个绅商阶级，的确是一个新式东西。他的文学怎么会旧呢？

为什么绅商文学就是民族文学呢？唉！绅商阶级，应当叫做"绅商民族"。不是中国的绅商——高等华人代表中国民族，还有谁呢？比如说：上海的小瘪三卖春宫，他这种行动能够代表中国民族吗？中国人"吸大烟，包小脚，龌龊不讲卫生……"，一切野蛮举动能够代表中国民族吗？——当然不能够。西洋人把这些丑态描写到影戏片子里去，咱们就要提出抗议，说他们污辱中国民族。为什么是污辱？因为这些野蛮举动只是中国人做的，而并不是中国民族做的。中国的下流人——工人农民贫民丘八①等等，他们配代表中国民族吗？只有祭孔典礼，投壶射覆，或者上海大华饭店的跳舞，着二十五元一双的丝袜的中国太太的玉腿，或者，踢足球，打考而夫球②等等的中国黄金少

---

① 丘八，旧时称兵。——编者注
② 考而夫球，今译高尔夫球。——编者注

年……这些才是中国民族的代表。所以绅商就是民族,民族就是绅商。

中国的旧文艺,阿谀贵族,这当然不好;然而现在的"白话"新文学,如果能够鼓吹民族精神、民族道德、民族意识、民族什么、民族①……当然是很好,当然算不得阿谀。就算是阿谀,难道便不应该吗?你们敢说不应该吗?敢吗?!

中国民族的固有道德,是仁义,忠孝,中庸之道,谦逊而稳重,明哲以保身……总而言之,统而言之,是孔夫子的大道统。所以绅商文学——民族文学,算作是用文言写,或者用白话写,用旧式的章回体写,或是用新式的欧化体裁写,"其所载之道一也,孔孙之道也"。② 譬如说中国现在受人欺侮,应当首先怪自己不好;要自己能够自强,自然外国就看得起。③ 假使野蛮地排外,那就是"非中国

---

① 民族就是绅商,绅商就是民族,所以在我这篇文章里,凡是遇见"民族"两个字,请大家读成"绅商"的声音。

② 我是极端崇拜戴季陶先生的。他关于道统的理论非常之通,非常之高深,非常之奥妙,非常之正确。孔子上承尧舜禹汤文王武王,传于孟子……韩愈,一直传到孙中山总理,再传到戴季陶先生。

③ 蒋主席在国民会议开幕日的训词说:"世无能自强自立,而不受人尊重者,否则虽能发扬踔厉于一时,终属外强中干,不能持久。"这里"发扬踔厉"四个文言的字,通俗的解释,可以举出历史事实来说明:这四个字的意思,就是一九二七年四五月间之后,戴季陶先生所斥骂的"革命的发狂",这句话"很痛切的"指着一九二五到一九二七年之间那些"过火的恶化的"反帝国主义等运动而说的。

民族的"义和团的举动,那或者亦就是"红匪"的举动了;因为强硬反抗就是不讲礼,不讲礼就是下流,下流就不是礼义之邦的民族,只能"不与同中国"了。"白话"新文学之中的这种民族文学,直到最近一年方才发展的。请看:

——"自由吗?你去自由好了。洋经理昨天要开除人,你这不明白?"

……

"本来,集会是没有什么要紧,但是总要有利于行里的,我们应当想想。"(以上买办讲的话)

——"那自然——"(这是民族主义的青年,洋行雇员燕樵的回答。)(《前锋月刊》第三号第一九六页)

但是中国民族的固有道德,也不是一味这样谦虚,一味这样顾全"别人"的利益的。孔夫子也有"嫉恶如仇"的精神。① 唐朝的韩愈,是一个继承道统的文学大家,他说:"民不出粟米麻丝,作器皿,通货财,以事其上则诛。"所以对于这些"惰民"(地痞,流氓……),是要"诛"

---

① "嫉恶如仇"的"恶"字,就是所谓"恶化"的"恶"。

的。不但中国民族自己"要诛",还要教给别的民族去"诛"。请看:

> 这是件可痛心的事:一般受了苏俄煽动的共产党人,竟也混在我们的独立运动中谋施展他们暴乱的阴谋,……
>
> 中国的革命就是一个很好的例子,如果不是混入了共产党怎么会形成内部的破裂呢。而且,朝鲜是受帝国主义民族的压迫,决不需要阶级斗争,何况朝鲜是谈不上阶级对峙的呀!(《朝鲜男女》——《前锋月刊》第三号第一九八页)

"红匪"——共产党的暴乱阴谋和阶级斗争,正是不愿意"出粟米麻丝,作器皿,通货财,以事其上"。民族运动,民族独立,民族①解放是多么高尚的"自强自立"的精神,而下流的惰民却想混进来,以为这是要为着他们的"自私自利"——为着要"不出粟米麻丝,作器皿,通货财,以事其上"!这班东西,非得诛尽不可!这是中国民族②的经验。

---

① 同第46页注。
② 同第46页注。

绅商文学，在"白话"新文学之中虽然只是最近发展出来的，虽然只是一小部分，然而在"白话"旧文学，以及文言旧文学之中，却占着极大的势力。这势力是在于道统，这势力还在他能够"借尸还魂"——借"白话"新文体的尸，来还道统的魂。所以他对于旧文艺是要借重的，是可以讲和的，而对于阴谋颠覆道统的昏蛋①匪徒，是不能不战争的。自然，对于旧文艺也只是可以讲和，并不是完全讲和，至少表面上是不能讲和的。为什么？因为何苦让"不可与同中国的"混账匪徒来占领白话新文学的文坛呢。何况绅商虽然决不像匪徒那样残酷，要去打倒中外贵族，他们自己却始终并不是中国旧时的士大夫了，他们需要"白话"的"平易的抒情的国民文学"！总之绅商就是民族，绅商文学就是民族文学，"民族者国民也"，所以绅商文学就是国民文学；——民族就是绅商，民族文学就是绅商文学；"唯绅商方为国民也"，所以国民文学就是绅商文学。这是"文学革命"第一大主义的光荣！②

---

① 昏蛋，现写作浑蛋、混蛋。——编者注
② （总注）对于共产党，我遵照国民政府主席谕，称他们是"红匪"。此外，我在这篇里，用一切可能的毒骂诅咒的字眼。这仿佛不顾绅士的礼貌。其实，对这班"惰民"是不用讲礼貌的。而且叫他们做"匪徒"和一般的毒骂诅咒，是有春秋笔法名教道统上，原始社会历史上，以至于中国古代生物学上的根据的：例如螟蛉之子殪，路遇蜾蠃，视之曰"类我类我"！

四

新文学的第二个"新主义",据说是:"推倒山林文学,建设社会文学"。可是十二年来的"革命斗争"的结果,"社会文学"变成了"不是大多数的文学"的意思。当初"文学革命军的总司令"胡适之自己组织了一派,叫做新月派——"新月"是什么意思?就是比"夕阳无限好,只是近黄昏"的境界更进了一步:连夕阳都没有了,漫漫的长夜开始了,一钩新月,像娥眉一般的妩媚,辉映着"鼠疫中高宴"的画堂红烛,或者跳舞厅里的华灯和玻璃杯里的绿酒。——胡适之的这个新月派现在出来说:"大多数就没有文学,文学就不是大多数的。"

仔细想来,这句话确实说得不错,呱呱叫,道地好!!大多数人,至多只是人罢了,民族(绅商)之中尚且没有他们的份儿,何况文学呢?文学和艺术是专门家的。譬如说绅商文学,难道个个绅商都会做文艺的创作吗?新月派健将梁实秋说得好:"资产阶级有的是资产,却不一定懂得艺术。"自然哪!当初汉高祖把文人的帽子脱下来,当便壶用,赏他一大泡"龙尿"。同时汉朝的儒生文士却乖乖地替朝廷和贵族阶级"制礼作乐"。贵族也"不一定就懂艺术",只要有阿谀贵族的文学,贵族文学便建立了。绅商文学也是一样的。汉朝的太史公就说的:"文史星历,近乎卜祝之间,固主上所戏弄,倡优所畜,流俗之所轻。"这是"千古的名言"——文学的"最确当最科学的"定义。当初的"主上"是贵族,贵族有他们的"清客"。现在的"主上"是民族,民族亦就有合乎民族所需要的"清客"。清客是什么东西?清客是"介于相公与先生之间的人物"。① 他们替主上"做"文学,会替主上捧场,也会向主上讽谏,会帮主上寻开心,也会为着主上演魔术……花样多得很呢!民族的清客,比较贵族的清客起来,自然有许多地方不同。譬如说罢:贵族的士大夫在自己家里养着一班时髦儿戏子或者相姑戏子,同时,也养着一班琴棋书画诗古文词的清客。民族的绅商却是零星购买这一类的东西,新式清客也就不在家里养着了,而是在市场上养着——这是市侩的清客。举例来说:张勋"请"梅兰芳到徐州去了一晚上,赏他两万块钱;美国"民族"请梅兰芳到新大陆去了一趟,就赐他"同博士"出身。什么博士?文学的博士哪!总之,中国民族现在不但要诗古文词,而且还要欧化的一切种种的文艺,也就要这一类的一切种种的清客。于是乎山林隐逸脱胎换骨孳生许多种的欧化清客;山林文

---

① "相公"是北京戏班子里的相公,"先生"是上海长三堂子里的先生。

学也就借尸还魂地变化出时髦①绅商的清客文学。清客的种类多得很，只好举几个例：

一种是西洋古典主义。如果"主上"有些阿土生的气味，那么，清客帮他搬些西洋古董，讲讲海外奇谈。最要紧的是：新的主上，要有新的"礼乐"，翰林院不要了，要大学院。学院主义（Academic）的文学，在中国现在是包含着整理国故和介绍西洋古典的意思。可是，时髦的学院派，至少要用西洋"科学"方法来整理中国旧文学。再则，"主上"如果太偏激了，那么，一定要替他讲讲"文学要表现普通的人性"——这是一个重要的西洋古典，主上不懂得运用，而公开地说出"自由民治"的真面目，那就一定要火上加油地更加激起匪徒的暴乱的！西洋古典主义，对于中国旧文艺，其实是同声相应同气相求的，他也说"文学的严重性"，也说"希腊人到剧场去是义务"等等。这就是文以载道的意思。不过为着"新的礼乐制度"起见，他要力争"最深刻的人性的表现"，连名词上的"反帝国主义"问题都不要提起：因为天下只有"人性"和"人权"，没有什么帝国主义不帝国主义。如果西洋古典懂得

---

① 时髦是"Modern"的翻译，意思是"近代性的"——就是"不封建余孽"。其实这有点不通，因为底下有"绅"字。

了,"人性"就表现了!总之,"文以载道"这一点,西洋古典主义是替绅商文学加一种恰当的注解:就是绅商应该更公开地"载买办之道"。举例说:中国的民族文学说要有自强自立的精神,西洋古典主义就说:不错,这是合于西洋古典的——美国能够自强自立,所以"差不多家家人家都有汽车"(《新月》三卷二号《书报春秋》第一九页)。为着这种"人性",西洋古典主义是"勇敢的战斗的"。这当然不是反对国民革命的战斗,而是反对"反动"的战斗。他们说:反动运动……"惹起人们对于束缚的仇恨……这种影响容易发生不良的结果,且不可避免流于感情主义,以及过度的浪漫……对于一时的现象感到过度的激动,因而不能'沉静地观察人生,并观察人生的全体'"(梁实秋《文学与革命》)。

一种是宗法的浪漫主义(Patriarchal Romanticism)。西洋古典里面有一种叫做封建的浪漫主义;现在中国的宗法的浪漫主义和它有同样的性质。这是对于"先王之遗风",或者对于浑朴、朴实、侠义、仁爱、忠厚,……或者是对于"典章文物之盛","黼黻衮冕之美",或者是对于所谓田家乐,所谓家庭的天伦之乐……对于这一些封建的宗法社会的恬静的"东方文化",加以巧妙的描画和表现,加以理想化和浪漫化。"白话"的新文学之中,这种主义的表现是的确要叫人换一换口味。甚至于这种文艺技巧上，都有特殊"恬静"的风格，读了使人"心平气和"地感怀着"螺丝谷"的桃源境界。是感慨，是凄凉，是没落，还是消沉呢？只举一两个例子。例如沈从文的《一个妇人的日记》，或者描写"亦和平常人差不多的"兵士，那种浑浑噩噩的心理……不论作者自己怎样想，读者所能够得到的是什么呢，难道不是上面所说的么？

一种是灵感的或是肉感的享乐主义。绅商的世界始终不是士大夫的世界了！竹篱茅舍的风味，可以使人享"陆地神仙"的"清福"。咖啡店的花灯和跳舞场的钢琴——以及那些紧张到万分的机械和工钱奴隶，在繁剧的震动和狂暴的声响之中所制造出的一切东西，也一样可以使我们中国洋场上的新诗人寻找"灵感的享乐"。徐志摩的诗……举不尽了的诗人，以及"深巷寒犬吠声如豹"式的小巧的小品文等等。至于肉感的享乐主义，那更不用说了。三角四角以至于多角的恋爱，"妖媚的眼睛"，"丰腴的乳峰"，曲线美。就算这些小说，"再现着""五四"以来旧家庭的崩溃，也不过是继续《玉梨魂》的步调，从寡妇的灵感恋爱，"大胆地"走进肉感恋爱罢了。这些是洋场的产物；这些，是和"五四"一样的洋场产物！甚至于在这些玉腿、肥臀、乳峰，……一大堆肉感气味之中，夹杂些不伦不类稀奇古怪的反动运动——少爷和小姐恋爱，小姐和西崽轧姘头，可是，"人们是在跳跃着"，一跳跳到自己革自己的命，小开①领导罢工反对自己的父亲资本家，甚至于小老板实行均产主义。哈哈哈。

一种是大减价的自由主义，别名叫做浅薄的人道主义。这是到处都是的主义，例子是举不尽的。黄包车夫啦，苦力啦，难民啦，多多承谢他们的人道了！自然，每一篇小说之中，你还可以看见东一句西一句的"军阀"、"官僚"等等字样。然而有没有深刻地揭发军阀官僚地主资本家和他们的"政治团体"、"经济团体"的罪恶呢？不但一篇小说也没有，甚至于好好的一段小说也没有。《官场现形记》是过去了，大概《官场现形记》的时代死去了罢？俄国果哥里②的《巡按使》那一类的伟大的不朽的著作，我看，总要等到没有了"官场"等等之后，然后再出现了。

总之，有替段执政著书立说制礼作乐的章秋桐，也就有和段祺瑞下着围棋谈谈"螺丝谷"里的故事的清客，也有替段公馆收买春宫和欧化淫书的清客，更要有替大人老爷结善缘做功德讲讲人道主义的清客。无论你是清高也好，

---

① 小开，就是小老板的意思，这是上海话。
② 果哥里，今译果戈里。——编者注

卑鄙也好，这个得宠也好，那个失宠也好，正言直谏的也好，拍马屁舔屁眼的也好——你是个清客，始终是个清客！市场上的清客比公馆里的清客好不了多少。只是市侩气特别浓厚些。市侩就等于社会，社会就等于市侩。所以市侩式的清客文学，就是社会文学！这是"文学革命"第二大主义的光荣！

本来文艺之中主要的是内容，不是形式。形式不过趣味罢了。清客应当制造什么样的趣味，这是要看"主上"的胃口怎样而定的。文言文也好，白话文也好，有格律用古典也好，没有格律不用古典也好，市侩式的清客文学是用不着和旧文艺继续战斗的，而且清客文学替主上多想些办法，总比单纯的山林文学好些。西洋古典的学院主义，可以使浮躁的青年进到"苦学的深思"；宗法的浪漫主义可以消除消除匪徒的"戾气"；享乐主义可以使"不可造就的"匪性的小辈，在灵感的或者肉感的手淫之中消磨消磨他们的"无足轻重的"时间和精力。这些新主义和新艺术，如果能够达到广大的群众之中去，那么，这和政治上的自由主义一样，对于民族文学将要有伟大的功绩。我觉得自己非常之荣幸：上海的合法的工会已经能够用桐城派的古文，很确当地说出这些种种自由主义的意义，我就借用这上海"七十余工会"给后大椿同志——国民会议代表的电报,来结束这段文章罢,因为"英雄所见略同"。

> 群众之心理,如江河之潮流,顺而导之,河沃膏腴,产有谷,福国而利民,逆而阻之,其不为洪水泛滥几希矣。语云:物必先腐而后虫生,工人怀不平之心,而赤匪利其机,鼓其动。能去其症结,不药而愈,乌待于兵革,此之谓攻心为上攻城次之。先贤云:未有嗜杀人而王天下。——此以德服人者王,以力服人者霸,权衡政治,贵得其平,革命贵革心,革其心之不平,而使之平,斯真革命也……止赤固胜于铲赤,必事半而功倍也。(上海《申报》一九三一年五月九日)

五

新文学的第三个"新主义",据说是"推倒古典文学,建设写实文学。"自然,外国古典不在推倒之列。一切种种的外国古典,本来大半都是"'五四'之后的新文化运动去贩买来的新式入口货"。而"五四"的娘家是洋场。洋场上的轧姘头,翻译成功知识阶级①的新名词,就叫做

---

① "知识阶级"的阶级两个字,不过是表明集体名词的意思,并不说知识分子能够自成其为一个阶级。

"打倒礼教自由恋爱"。洋场上的新式商业和卖买万能，就使以前"公馆"里的一切宝贝，都逐渐搬出来拍卖。大家庭崩溃了，所谓个人主义发现了。礼教改换了，所谓肉感主义发展了。"肉的解放"和"灵魂的变化"，在中国特殊的"绅商系统"之下，所表现出来的不是《鲁滨逊飘流记》的冒险独创的精神，不是左拉所描画的"巨大规模的机械，不断的产业发展和进到资本主义的过程"。中国的绅商，是次殖民地的绅商。咱们的这些"主上"，实在是"小贫"，养不起这许多清客——尤其是欧化的市侩式的清客。可是，这班东西，却在帝国主义的大强权和咱们民族的小强权压榨之下，一天天地堆积在洋场上。中国的洋式的都市，因此就有特别众多的无赖文人。无赖，就是失掉了靠山的人。西洋城市之中，也有这类的"Bohemians"（薄海民）。这种"无赖智识阶级"——欧化的落拓文人，倒是中国写实文学的第一辈作家。

这些无赖的本事，首先就是他们的虚无主义。一切都是虚伪的，一切都是无价值的。卑鄙龌龊的果然是混蛋；表面上像煞有介事的还不是假道学？道德、社会、反动革命、学问……都是些骗人的东西！人生是灰色的。这样，自然"醇酒妇人"的颓废主义，就很足以动人的了。酒，女人；女人，酒！坦白地自己诉说自己的罪状，倒在地下让你们去践踏罢。自暴自弃成了俏皮的"风格"。"穷而后工"的天才固然有。无病呻吟的模仿，也有借着新文学的躯壳来还魂的了。

这班无赖文人自己不能自强自立，却尽在怨天尤人！固然，他们亦会有些功绩的。譬如对于民族，他们的虚无主义和颓废主义也有帮忙的地方：他们的虚无和颓废可以去影响发狂的暴乱的青年，可以因此捣乱一下那些反动派的队伍，腐化一下他们的叛逆的灵魂①，然而这班无赖东西，常常要说什么"整个社会制度"要不得等类的疯话。现在国民革命胜利了，他们还是这样胡说，大概是"穷伤了心"，快要走进疯人院了。

然而中国的民族侥幸得很：第一，这班无赖，极大多数还是高等华人之中的无赖，不论他们颓废虚无与否，他们始终还是高等人，至少心是高等人的心；第二，这班无赖虽然爱谈社会问题，什么社会问题的戏剧、小说等等。可是，他的题材是很狭小的，他们并不敢有力地攻击整个社会制度和中国道统，他们文艺的技巧也没有这样的本事。他们只是描写他们自己，只是提出他们自己的"社会问题"。例如失恋呀，家庭冲突呀，三角恋爱呀，稿费太少

---

① "捣乱"是 disorganization，"腐化"是 demoralization。

呀，养不活妻儿男女呀……上海的亭子间生活呀，北京的小公寓生活呀等等。至于当时的大时代：乡下佬"上城"的问题，穷人想赖债的问题，丘八想回家的问题，一切伟大的震动的问题——真的，现在的时代真伟大呵！连叛变都是伟大的，社会生活之中的剧烈变化，天翻地覆的变动，……从正动到反动，从反动又正动，这样无穷无尽的社会问题呵。反市侩主义呀，反官僚主义呀……即使站在个人主义的立场上，这些社会问题的文艺上的表现和鼓动，都可以大大地有害于民族的。好在咱们侥幸得很——现在的无赖文学还没有这大的本事来捣这样大的大乱。这班高等无赖"写实"，只是写他们自己的现实生活，不管闲事，或者是要管而不会管。固然，有些教育问题的小说是比较可恶地污蔑咱们民族的教育界的，可是，这还只是限于知识阶级的自我描写。

而且在一九二七年夏天之后，正是国民革命军清共的开始，这班高等无赖之中，有些人在文艺上发明了一个动摇主义。这对于民族有很大的功绩。动摇主义和颓废、虚无"鼎足而三"，埋伏在反动派的阵营里面，来响应正动——而且是用着很巧妙的战术。无赖固然是没有身家性命的亡命之徒，然而高等无赖却还保留着一点"高等的良心"。他们自己觉着矛盾、幻灭、动摇、追求——追求着的又是一个幻灭。他们,据说是"从事与大时代有关的文学"的,他们也"写实"。写大时代的"实"吗?——哼,他们拿着一面镜子,瞧一瞧,发现自己的一个特别改良放大的影子。他们说:呵,是了,文学的对象在这里了。他们,说好听些,是"在夹攻中奋斗",说老实些,是"在夹攻中夹死了"——夹得那身体动也动不得,反动是不敢,正动又不干,出不来,进不去,上不上,下不下,叫做"六路碰壁,外加顶子一枚",因此只有一缕幽魂在肚子内部东钻钻,西碰碰,动摇动摇;做点内省功夫,好像一只苍蝇,碰着了玻璃窗,"努力"地往前飞,飞了三四年,仍旧是在老地方。因此,幻灭了就动摇,动摇了再追求,追求着的又是幻灭……这叫做循环三部曲。固然,这些都是大时代的文件(documents),可是决不是大时代的写实,而只是大时代之中一部分人物的写实,这部分人物正是"动摇主义的无赖们"自己。

无赖文学之中,虚无颓废动摇的三大主义,对于咱们民族,在他们的捣乱反动派队伍这件事上面说来,固然是"殊堪嘉奖";然而在他们的泄漏天机这方面说来,又是"实可痛恨":咱们民族的这些"有为的青年"尚且是这样幻灭,这样没落,这样不振作,这样没有出息,这样歌颂着"世纪末的悲哀"——这是咱们民族"沉沦的"预兆呵！他们创作的"文件"就这样留给反动派"国史馆"做"现代古典"吗？唉！

总之，现在还只有无赖会写实，写的也还只是无赖的"实"，那么，推倒了"古代古典"，创作了"现代古典"——这样的无赖文学，大概就是写实文学了。这是"文学革命"第三大主义的光荣。

此外，居然还有当初文学革命军旗帜上没有写着的新主义出现。这就是反动文学。

反动还有小反动和大反动的分别。小反动文学，就是一班狡猾的无赖，他们发现了自己的创作和议论，还够不上反动，忽然大喊"转变方向"。本来"叛逆的女性"虽然叛逆，也还是"五四"初期的那种叛逆，这是现在咱们民族已经允许了的叛逆。本来，"阿Q"说乡绅因为自己已经革命了，不准农民革命，这也还不算是污秽咱们民族。但是这一类的创作诗歌等等，早已埋伏着那种狂妄的奔放的热和反抗一切的号召……尤其是带着野蛮性的反抗，尤其是想对于中外民族都实行反抗。——反抗罪恶黑暗等等是可以的，因为这所反对的是不道德或者不文明，可是，反对整个的外国民族和中国民族，那是不行的，因为这是卖国，这是绝灭人性！然而这一些无赖却偏偏愿意绝灭人性，偏偏要"转变方向"。他们甚至于怕自己的尸首还会作怪，怕那够不上反动资格的尸首会变成僵尸，起来害中国人而有利于中国民族，因此，居然请人家来鞭自己的尸。至于这些无赖之中最先叫喊的，那正是最无耻的"短裤党"——"党而短裤"①，可谓无耻之尤者矣。甚至于接着就自称洪水猛兽②，混蛋，混蛋！

幸而好！一则这班无赖，实际上都还是高等无赖；二则这些无赖之中有许多还是动摇的，一忽儿向右转一忽向左转；三则虽然有些短篇和零星小品企图鼓动民众，然而极大部分都只是知识阶级"往民间去"，去又去不成③，结果是坐着等待"民众往知识阶级之间去"；四则他们和其他的高等无赖一样，只会照镜子画画自己的肖像，他们不懂得民众的生活，甚至于根本不知道现实生活，他们可只知道地面上，不知道地底下，他们是高等无赖，而且还只是些书生。这总算是咱们民族的小小幸福。更大一些的幸福，就是现在总算还没有大反动的文学，或者几几乎没有。阿弥陀佛！

---

① 短裤党是 Sans‐culotte，这是巴黎大革命时候的暴民的称呼。暴民专制正是《短裤党》那篇小说的理想。幸而作者有些饭桶，这种主要理想没有显露得透彻。

② "洪水猛兽"这四个字，就是一九二〇年蔡元培先生替《新青年》杂志题辞里面的那四个字。

③ 田汉以前打算摄制一本《往民间去》的影戏，一直没有成功，足见往民间去不成了。

什么是大反动文学？就是无产阶级的文学，所谓普罗文学。大反动文学要反动到什么地步，这是咱们民族应当知道的。首先，大反动文学，才是真正"以阶级反对民族"的文学。反动派想：不但要组织工人，领导农民，不但要宣传，不但要一刻不停地领导阶级斗争，不但要利用每一件小事去"造谣惑众"，罢工、抗租、兵变、抗税、赖债，不但要组织匪军，不但要准备以至于实行暴动，不但要"以多欺少"——由几万万人来杀几千或几万人，来逮捕一二十万人，来没收一二百万人的财产土地，不但要企图消灭友邦在中国的一切势力，以及友邦对中国的一切友谊，而且还想有自己的文学。反动派的文学，想要组织和领导群众的情绪，发挥激励他们的匪性，污秽咱们民族以及他的官吏学者，讥笑市侩的正当买卖和清客的美妙声容，鞭策高等无赖的动摇幻灭……总之，是帮助反动派的政治宣传，用文艺的手段，更深入群众的心理和情绪，企图改造他们的民族固有道德，摧残安分守己的人性，用阶级意识来对抗以至于消灭民族意识。这固然只是帮助而已。然而危险亦就够大了！阶级斗争、阶级意识、阶级情绪等等匪性的发作，正是咱们民族的大祸害。大反动文学反对"民族固有道德"和东方文化，反对个人主义，反对肉感的买卖。他们的理想，是要"大贫"推翻"小贫"，推翻西洋文明民族对于中国的"治理",例如帝国主义之类,要想由一大群下等的苦力、工人、乡下佬、丘八大爷、小瘪三、"没有学问"没有身家性命①的知识分子——卖知识的苦力,要由这样的一大群混账王八蛋来掌握政权。当然,他们的文学一定就反对市侩,反对官僚,反对清客,反对伦常,反对孔孟,反对韩愈,反对总理,他们反动到甚至于反对升官和发财——资本主义。② 反动派理想着:在掌握政权之后,专门去发展机械的化学的电气的物质文明,甚至于要用机器电力来打破竹篱茅舍的诗意和田家乐——"田家"将要消灭,变成工厂式的大农场,在那里种田的工人好几千,用机器耕着好几千好几万亩,弄得他们之中谁也认不出来哪一块田地是他的;工厂农场矿山……都要丧失他们的主人,变成很可怜的孤哀子……甚至于家庭也要消灭,丈夫不能有妻子,妻子不能有丈夫,儿女不能有父母,父母不能有儿女,臣没有君,君没有臣,国家没有国民,国民没有国家,只剩下一世界的混账王八蛋,自己做自己吃,"不事其上",大家做大家吃,越做越能够少做,越吃

---

① "身家性命"这里的"性命"两个字是民族性的性和乐天知命的命。这是说他们既然是穷光蛋,身家都没有,就一定没有民族性,没有安分守己乐天知命的精神。

② 发财是人人应当喜欢的,他们居然也反对,可见他们真正是绝灭人性的混蛋,违背"普遍的人性"的匪徒。

越会有多吃——这样好吃懒做的一班惰民贱种。这真正君不君，臣不臣，父不父，子不子……的禽兽世界！这些禽兽还要和"天"去捣乱，他们研究恶毒的"物质科学"，高兴起来也许会把咱们五千年崇拜的五岳，以及一切高山大川都捣碎了，去建造合于兽性的花园。他们那时要大大发展他们的兽性文艺了！

现在幸而好；中国的大反动文学还只有萌芽呢。——他们简直可以说没有一部创作；他们还只有一些议论，一些文学评论，以及一些翻译。然而这种大反动文学，居然大大地活动起来，这正是"民族将亡，必有妖孽"。侥幸的是：（一）他们的文艺理论仿佛只想他们自己懂，并不企图宣传，所以也是由外国古典堆砌起来，很艰涩的很迂晦的。（二）他们的文学评论，也还表现着高等无赖的意识，有些时候，是自欺欺人的，例如，他们一开口便说"阿Q时代死去了"，说"中国农民都有很严密的组织"了——其实，阿Q式的贫农雇农还到处多有，否则，大刀红枪也没有这样容易组织成功，也没有这样容易受民族的收抚，中国农民没有组织的还多得很，否则……所以这是瞎动主义的意识；再则，他们居然说蒋光慈是 Demian Bedny 事件的重演。事实上，蒋光慈的创作还不过是小反动的文学，够不上大反动的资格。而 Demian Bedny 却是俄国"红匪"的大反动的文丐，他会运用下流俗语做诗歌，做出来就有许多变成五更调那样通行的小调，造谣惑众的能力很大，蒋光慈却只会用高等无赖的言语和文字——这种妄自尊大的态度，只是鸡尾主义的表现。瞎动主义和鸡尾主义，对于阶级有害，对于咱们却是有利的。（三）大反动文学的翻译，除掉少数以外①，大半是特别难懂，这大概是因为大反动文学家之中，也还都是些高等无赖的低等书生，既然不会讲下等阶级的话，又不会讲道地的高等鬼话（文言）。他们创造新名词的时候，并不会用白话的语根，却只用英汉字典和《康熙字典》，他们造句的时候，也还只像英文文法析句法的练习。所以什么"雷阳会议"（Rayonny committee, district committee），什么"细胞书记"（Secretary of cell）等类的怪名词，不但下等人不懂，连高等无赖也弄得莫明其妙。现在的"大反动"，还有些像大饭桶，这对于咱们民族，倒是有利无害的。

然而大反动小反动既然在文学抬头了——咱们民族的国民文学（绅商文学），社会文学（市侩的清客文学），就

---

① 例如易坎人译的《石炭王》等等——这类东西自然是外国流氓的造谣，譬如美国劳资合作得那么好，家家都有汽车坐，这是咱中国留美生"亲眼看见的"，是咱们民族领袖所宣传的，那么会有错！——然而美国人辛克莱、哥尔德等却敢描写相反的情形。

应当格外努力，就应当更加利用虚无颓废动摇的写实文学（无赖文学）和反动派文学宣战。

六

总之，文学革命之中的文艺革命三大主义已经是得着了伟大的"光荣"：第一，贵族脱胎换骨变成了绅商（民族）；民族道统借尸还魂地表现在绅商的国民文学。第二，山林隐逸脱胎换骨变成了市侩清客，倡优文艺借尸还魂地表现在清客的社会文学。第三，落拓名士脱胎换骨变成了高等无赖；古典堆砌无病呻吟的文艺借尸还魂地表现在无赖的写实文学。这样，旧文艺和新文艺之间还有什么战争的需要呢?！何况这些过程——脱胎和换骨，借尸和还魂——都是潜移默化地进行着的，很合于"君子之风"，自然是不战不和"顺而导之"的真革命。

然而"革命尚未成功，同志仍须努力"。努力做什么？努力反对反动，反对大小反动！现在不是新旧文艺对立打架的时候了，现在是民族和阶级对立。阶级文学是违背太史公的文学定义的：他们不肯"为主上所戏弄，倡优所畜，流俗所轻"。"民不出粟米丝麻作器皿通货财以事其上则诛"，不肯为主上所戏弄……则如何呢？当然亦是诛了！这是非常之对的政策。

——"……假如共产党没有文艺政策,国民党也许没有文艺政策的……"

——"民族主义文学对普罗文学等,取何种态度?"

——"愿拿出作品与理论来较量,取决于大众。……"

——"大家拿出理论和作品来较量。这态度是伟大的。但政治环境不允许有这种可能又如何?"

——"这问题就当作另论的了。民族主义文学的抬头,普罗文学是必需要其败退的。……书店被封……是可以杜绝反动的"。(《朱应鹏氏关于民族主义文学的谈话》,见《上海民艺新闻》二期)

"在黑暗中"的,偏要走到"光明的前面",这仿佛飞蛾投火——是必需要其"牺牲"的了!

总而言之,统而言之,十二年来的文学革命,正革到新旧调和的"光荣"时代,却来了许多大小反动,这是文学革命的"大耻辱"。咱们民族文学一定要勇敢地作战,镇压这些阶级妖魔和反动无赖,否则还有咱们民族吗?(最后一次再申明,关于"民族"两字,请参看第四六页注)。

民族反对阶级之战是"神圣的战争",这是保存民族固有道德、文化、家庭、财产的战争。文学上的民族反对阶级的战争,民族方面有"最后"胜利的保障吗?——有!只要学阀万岁万岁万万岁,长命不死老乌龟。

学阀是什么?阀就是阀阅,阀阅是和阶级不同的。阀阅仿佛是行会,同行就是同阀,中国的木匠有行会,他们供养自己的祖师鲁班。中国的学者有阀阅,他们供养自己的祖师仓颉。仓颉大圣作了特别优美的艰深的方块子的汉字,因此,中国文字是世界第一,一个方块的汉字,仿佛一个精致的金丝笼,四五万个字,就是四五万个金丝笼,这可以范围住维持住学阀。学阀因此可以垄断住独占住文字的知识,所以不论是文言也好,白话也好,都得请教文字专家的学阀。现在添上外国文,懂的人更少,学阀之中又有新学阀了。

中国的"文坛"因为学阀独占的缘故,截然地分成三个城池,中间隔着两堵万里长城,一堵城墙是汉字的深奥古文和上古文,一堵城墙是外国文和中外合璧的欧化汉字文,第一个城池里面,只有勉强认得千把汉字的"愚民",所以他们文坛上称王道霸的是《西游记》、《封神榜》、几侠几义、阎瑞生惊梦、蒋老五殉情、陆根荣黄慧如轧姘头、十八摸、五更调……第二个城池里面,只有不懂得欧化文和上古文的"旧人",所以他们文坛上称王道霸的,是张恨水、严独鹤、天笑、西神等等,什么黑幕、侠义、艳情、宫闱、侦探……小说。第三个城池里面,方才有懂得欧化文的"新人",在这里的文坛上,才有什么鲁迅等等,托尔斯泰、易卜生、莎士比亚、高尔基、哥尔德等等。阀阅本来只有墙门,可是,这墙门(门第)太高了,所以要叫做城墙了。

现在的反动文学还只发现在第三个城池里面——他们离着下等愚民远着呢。咱们赶快联合旧文艺——从诗古文词直到《啼笑因缘》,直到十八摸、五更调——这里民族道统是相同的,天然是联盟的"文学革命军"——去进攻大小反动的阶级文学。好在反动文学家的门第很高,虽然是无赖,仍旧是学阀。这学阀的城墙,使他们和愚民隔离着。这是咱们民族的救星。——唯一的救星。趁此快快进攻呀,联合旧文艺进攻反动文学呀,这是民族主义新文学的天责呀。进攻呀,冲锋呀,杀,杀,杀,"则诛"!

一九三一年六月十日,纽约①

---

① 本文作于上海,为迷惑当局,署作纽约。——编者注

鬼门关以外的战争*

一

二十世纪的中国里面,要实行文艺革命,就不能够不实行所谓"文腔革命"——就是用现代人说话的腔调,来推翻古代鬼"说话"的腔调,不用文言做文章,专用白话做文章。但是,从"五四"到现在,这种文腔革命的成绩,还只能够说是"鬼门关以外的战争"。为什么?因为鬼话(文言),还占着统治的地位,白话文不过在所谓"新文学"里面通行罢了。咱们好好的"人的世界",还有一大半被鬼话占据着,鬼话还没有被驱逐到鬼门关里面去!

固然,中国的文学革命,已经有了相当的局面。这种

---

* 本文略有删节。——编者注

局面是：十年二十年以前只有"诗古文词"算得文艺，现在呢，"诗古文词"逐渐地跟着樊樊山袁寒云等等死下去，而新式的以及旧式的小说诗歌戏剧即一天天的被承认为文艺了。可是，我们必须极严重的注意一个问题，就是文艺里面所用的文腔，不应当离开一般社会日常所用的说话腔调，而成为单独的简直是别一个国家的文腔似的东西。现在的情形，却正是这样。记得当初五四运动的时候，胡适之有两个口号，叫做"国语的文学和文学的国语"。现在检查一下十二年来文学革命的成绩，可以说这两个口号离着实现的程度还很远呢！现在的新文学，还说不上是"国语"的文学，现在的"国语"，也还说不上是文学的"国语"。①现在没有国语的文学！而只有种种式式半人话半鬼话的文学——既不是人话又不是鬼话的文学。亦没有文学的国语！

---

① 所谓"国语"，我只承认是"中国的普通话"的意思。这个国语的名称本来不通的。西欧的所谓"National Language"，本来的意思只是全国的或者本民族言语，这是一方面和"方言"对待着说，别方面和外国言语对待着说的。至于在许多民族组成的国家里面，往往强迫指定统治民族的言语为"国语"去同化异族，禁止别种民族使用自己的言语，这种情形之下的所谓"国语"，简直是压迫弱小民族的工具，外国文里面的"National Language"古时候也包含着这种意思，正可以译做"国定的言语"。这样，"国语"一个字眼竟包含着三种不同的意义："全国的普通话"，"本国的（本民族的）言语"和"国定的言语"，所以这个名词是很不通的。我们此地潜用胡适之的旧口号，只认为第一种解释的意思——就是"全国的普通话"的意思。（自然，这第一种解释是和第二种解释——就是"本国的言语"——可以同时并用的）。至于第三种解释——那是我们所应当排斥的。

而只有种种式式文言白话混合的不成话的文腔。

这里，我们必须研究文学革命的意义：文学革命的任务，决不止于创造出一些新式的诗歌小说和戏剧，它应当替中国建立现代的普通话的文腔。现代的普通话，是随着社会生活的剧烈反动而正在产生出来；文学的责任，就在于把这种新的言语，加以整理调节，而组织成功适合于一般社会的新生活的文腔。这样，方才能够有所谓"文学的国语"；亦只有这样办法，才能建立和产生所谓"国语的文学"。

二

中国社会生活的剧烈的变动——尤其是在最近三十年来的变动，这是现在人人都应当认识的事情。除出那些将要进棺材的"遗老"之外，大概没有人否认这件事的了。这种剧烈的变动是什么呢？就是宗法的封建式的社会关系崩溃的过程和一种新的社会关系在殖民地式的畸形的资本主义发展的条件之下的"难产"过程。当然，这两种过程只是一件事情的两个方面，并不是互相没有关系的两件事。这两种过程之间的关系，正表现于"资本主义的畸形发展"。关于这个问题，我们不能够在此地详细地讲。这里要讲的是这种社会的巨大变动产生"新的文学"和"新的言语"的需要。宗法封建的社会关系的崩溃，使中国的文言文学和文言的本身陷落到无可挽回的死灭的道路上去。同时，资本主义式的社会关系产生了新的阶级，不论他们这些阶级之间发展着怎样的斗争，以及这种斗争怎样反映到文艺上来，他们却共同需要白话文学和所谓"白话"的"新的言语"的完全形成。

现在，我们来说一说：（一）笼统的"新的文学"的产生过程，（二）笼统的"新的言语"的产生过程，（三）现代普通话的建设。

* * *

首先要说明的是：我们这里所说的"新的文学"是广义的，和狭义的单指着新式白话的"新文学"，有范围上的不同。"新的文学"包括现在的一切诗歌、小曲、小说、演义、京戏、文明戏、对话戏，以至最新的新式歌舞戏。这里面当然也包含着新式白话的新文学。新和旧，本来是比较的形容词。十年前认为是新的，十年后也许是很旧的东西了。譬如说：章回体的小说，在现在的文艺上是所谓旧小说了，可是，这种东西可以认为是文学，这却是一件"新的事情"。而且这件新的事情反映着极重大的社会变动。因此，我们说到中国的"新的文学"产生过程，就不能够不回溯到这件三十年前的簇新的事情，因为这里伏着文腔革命的种子。

原来文学革命的发动,首先只限于文艺的内容,并不一定注意到文腔的改革。可是社会关系的巨大变动,使中国人的日常生活、社会生活、学术生活跟政治生活,都发生很厉害的变更,以至于旧的文腔不能够应付了,然后,才从最初一点一滴地,使文体上的改变(这种改变还不过是适应文艺的新内容的需要而发生的),进一步而走到整个文腔的改变。这个文腔的整个改变,有极深刻的社会意义。这个意义在什么地方呢?就是在于使用那种"新的"文腔的人,在社会上的地位抬高了,他们在社会上成为一种不能忽视的力量了。

要说明这种过程,自然要举出重大的历史事实。

最初是梁启超大胆地出来说:"小说是文学之最上乘",他甚至于极夸张地说:"今日欲改良群治,必自小说革命始……何以故?小说有不可思议之力支配人道故。"为什么"忽然"小说变成了"文学之最上乘"呢?这在三十年前简直是大逆不道的"邪说"!以前只有古文、诗、词可以算做文学,小说等类的东西只是给"下等人"消遣的,算不得文学。但是,因为到了"戊戌政变"的前后,这些能够读小说的"下等人"已经不大安分了,他们已经逐渐地成为社会上的重要人物,他们已经是一种力量——开明专制主义的贵族维新党，也企图经过小说来组织这些"下等人"的情绪，宣传维新主义。自然，如果古文和诗词能够达到这种目的，如果，就算近一步，新式的——梁启超式的文言的论文以至于小说，可以达到这种目的，那么，也不必一定要小说，更不必一定要白话。对于他们，维新主义的贵族，当然是古董越保存得多越好。可是，他们的希望是枉然的。梁启超当初办的《新小说》杂志，是宣传保皇党的维新主义的；就是林纾翻译西洋小说①也常喜欢做些序，顺便宣传些"老新党的爱国思想"。他们只想把文艺的题材和内容改变些，维新些，至于文腔，那么，古文的也好，新式的文言也好，旧式白话的也好——这是不关重要的事情！结果，许多"下等人"还是大半看不懂的——凡是用古文的，那是简直完完全全地看不懂。这是文言破产的第一步。于是要想"流惠下民"的老民党之中，也就有些人发见这种情形。自然哪！老民党就算是贵族士大夫出身，意识上却多半是代表"富族"的了，不，说错了，是代表

---

① 林纾翻译的西洋小说，无论他的古文多么高妙，始终只是糟蹋西洋文艺，侮蔑中国民众。他一派人所翻译的东西，有些正是文艺复兴之后最有力量的文学作品——帮助欧洲等国现代言语的形成，使文学从中世纪拉丁文的锁链之下解放出来，普及到资本主义的社会（资本家和工人），而不再受贵族僧侣的独占。林纾，却把这些文学作品重新逮捕，而关锁在中国古文的监狱里面，就是使这些文学作品和中国的"下等人"断绝关系。这是他侮辱中国民众。他的译文即使真正能够达意，也一定要读五年十年古文，才能懂得！

"民族"①的。"民族"在当时还处于"被压迫"的地位——而且做着下等人的领袖呢。"下等人"怎样就能够来当民族革命的苦力呢？至少，要他们懂得宣传他们的文字。因此，有人想到古文的用处比较的少，旧式演义小说的白话要更加合适些。吴稚晖先生自己说的："晚上读曹植与杨修书，他说——'……吾虽德薄，位在藩侯，庶几戮力上国，流惠下民，建永世之业，留金石之功，岂徒以翰墨为勋绩，辞赋为君子哉？'——就想扔了那牢什子的文史，还是学剑，到明年，还到家乡，在小书摊上得到一部'岂有此理'，它开头便说——'放屁放屁真正岂有此理。'——忽然大彻大悟，决计薄文人而不为。偶涉笔，即以放屁放屁，真正岂有此理之精神行之。"（吴稚晖：《我们所请愿于章先生者》，一九二六年，《现代评论》）这样，老民党之中，有人为着自己"位在藩侯"，有"流惠下民"而建"永世之业"的志气，就主张放屁文学。其实，维新党的"新小说"里面，同样也有和吴稚晖先生的"上下古今谈"一样的旧式白话小说，并且还留下近代中国文学的真正典籍（classics），例如吴沃尧《二十年目睹之怪现状》等。但是，所有这些白话小说，在最初的主要意义，都只在于

---

① 因为"民族"就是绅商——而下等人是不能够代表咱们大中华民族。

借此宣传维新或者排满，反对官僚或者鼓吹爱国，传布其他种种当时所认为新的"新思想"。换句话说，就是主要意义，至多只是"小说应当认为是文学"，甚至于认为只要宣传的是"新思想"，就可以算"小说革命"——文学革命。因此，主要的意义，并不一定在于用白话做小说。因为这样，林纾用古文做小说（《京华碧血录》等），梁启超等等用新式文言做笔记或者小说，都认为是新思想的文学革命了，都算是创造了一种"新的文学"了。正因为这样，当时的老新党和老民党，甚至于连认定"小说为文学之最上乘"的立场，也保持不住。甚至于"南社"文人，章太炎、廖平、陈去病、柳亚子等的"诗古文词"——鼓吹排满的《国粹学报》等等，都想算做"新的文学"。

这样，我们已经可以知道：中国"新的文学"产生过程的第一阶段——"第一次的文学革命"，也和辛亥革命一样，是流产了。

第一，林纾的古文小说，"南社"文人的诗古文词，骈文，魏晋齐梁体的文章，——在文腔改革的意义上说，根本不能算得"新的文学"，在这种文艺内容上说，也够不上"新的文学"的资格。这旧文体里面装进新的维新思想的企图，是完全失败了。这不但因为旧的文体不能够充分表现新的思想、新的情绪、新的生活，而且因为根本不能够普及到"识字的下等人"的读者社会。因此,这种所谓文学,只能够有极短的寿命:辛亥革命之后,《民权日报》有《民权素》,《申报》有《自由谈》,《新闻报》有《快活林》等等——这些"报屁股"发现,是所谓"礼拜六派"的老祖宗。这些报屁股的新派文学家,虽然还用古代文言企图表现"新的文学",表现反对帝制、改良礼教、谈谈公德、爱国等的所谓新思想(例如《玉梨魂》——四六体的小说,表现寡妇恋爱"发乎情止乎礼义"之类的东西),可是,不久,这种文腔就澌灭下去。代替它的是用现代文言做的笔记小说、黑幕小说。这种所谓现代文言,就是不遵守格律义法的变相古文,而且逐渐增加梁启超式的文体,一直变到完成不像古文的文言,从古代文言的小说,变到现代文言的小说——这种变更是礼拜六派内部的变更,这种变更没有经过什么斗争,什么争辩,什么反对或者提倡,这是自然而然的变更。到现在,市场上已经看不见一部新出的古文小说,而现代文言的笔记、小说、黑幕汇编等等,却还可以看见一些。为什么这个变更这样和平呢?很简单的:这是市场上商品流通的公律,没有人要的货色,"自然而然"地消灭不见,退出市场。

总之,古代文言和现代文言的小说,不但决不是国语的文学,而且也建设不成为文言的"新的文学"。

第二，吴稚晖等最早的主张白话，虽然他们自己是"偶一为之"，他们决没有主张废除文言，然而这种旧式白话小说，却的的确确创造了"新的文学"。我们只要想：当初的文言小说之中有哪一部著作够得上流传到现在呢？一部也没有！即使像苏曼殊的作品，比较地可以说有点价值，也决不是"新的文学"。这些东西如果是好的，也决不能代替《史记》、《汉书》、韩愈、苏轼、《唐人说荟》等的文言文学；如果是坏的，早已到了字纸笼里，早已从字纸笼里跑到了垃圾堆……但是二三十年前新出的白话小说：《二十年目睹之怪现状》、《官场现形记》、《老残游记》等等好的东西，他们继承"红楼""水浒"，而成为近代中国文学的典籍；就是坏一点的，例如《九尾龟》、《广陵潮》、《留东外史》之类的东西，也至今还占领着市场，甚至于要"侵略"新式白话小说的势力范围：例如今年出版的张恨水的《啼笑因缘》居然在"新式学生"之中有相当的销路。它们的确代替了三四十年前"史记""汉书"……《唐人说荟》的地位。在这种意义上，这类东西可以说是"新的文学"。"新的文学"从文言转变到旧式白话，却经过了一些斗争。但是，这仍旧是广义的礼拜六派内部的转变。而所谓斗争，也是"五四"时代新青年派反对他们礼拜六派的斗争。礼拜六派在"五四"之后，虽然在思想上没有投降新青年派,他们也决不会投降,可是在文腔上都投降了。礼拜六派的小说,从那个时候起,就一天天地文言的少,白话的多了。可是,这亦只是市场的公律罢了,并不是他们赞成废除文言的原则上的主张,而是他们受着市场的支配:白话小说的销路一天天地好起来,文言的一天天地坏下去。再则,在文艺内容上讲,旧式白话小说,至少是好的作品,例如《官场现形记》等等,在当初,的确能够更充分些表现当时的所谓新思想:排满、反对官僚、反对帝制、改良礼教……这更使他们成就一种那个时候所承认的"新的文学"。但是,这种旧式白话是不是国语呢?——是不是现代的普通话呢?不是,他只是近代中国文,并不是现代中国文。关于这个问题,以下还要详细说。现在先结束一下。

旧式白话小说,建立了相当意义之中的"新的文学",但是并非国语的文学。

这样,第一次的文学革命,始终只能算是流产了。旧式白话小说(以及文明戏等类一切"维新时代"的出产品),正和辛亥革命一样,即使这种东西始终形成了某种意义上是"新的文学",那么,这也只是在五四运动的推动之下,方才有这样的成就的。何况,等到旧式白话文学差不多完全夺取了以前新旧"文言文学"的地位的时候,这种旧式白话小说——二十年十五年前比较起"诗古文词"来可以算"新的文学",现在,却已经成了旧文学的代表了——已经成了文学革命的对象了。

三

现在,我们要说到第二次的文学革命——中国"新的文学"产生过程的第二阶段。第一次的文学革命,根本算不得革命:(一)对于文腔,那时并没有主张根本改革,——白话小说的产生最初是"自然而然"的,至少,也只是吴稚晖的放屁主义,后来,这又是受着五四运动第二次文学革命的推动才发展的。这种发展,显然已经不是"革命",而是变相的旧文学保存自己地位的一种保守策略了。这仿佛法国国王在大革命开始之后宣布立宪一样。(二)关于文艺内容方面,当初还有些浅薄的所谓"新道德"——改良礼教主义。后来的黑幕小说、宫闱小说、历史演义、侦探、艳情,种种色色……一直到最近几年党国要人提倡"国术"的风气之下的武侠小说,反而借着旧式白话的工具,来复活"文以载道"的道统。这仿佛辛亥革命之后,袁世凯虽然没有做得成皇帝,而军阀制度却形成了新的统治。所以第一次文学革命和辛亥革命一样,如果没有五四运动,那简直是差不多等于零。因此,第二次文学革命才是真正的文学革命。

五四运动时代,第二次文学革命的意义,首先,在于他明白地树起建设"国语的文学"的旗帜,以及推翻礼教主义的共同倾向。这才是真正的要创造新的文学和新的言语。

当时这种新文化运动之中的文学革命发展到现在,大致地说来,又分成两个阶段,正确点说是分成两个营垒。所谓两个阶段是:(一)一九一九年到一九二五年,那时候主要的倾向只是个性和肉体的解放;(二)一九二六、二七年到现在,这时候新兴的倾向是集体主义和匪徒精神。① 所谓两个营垒是:(一)辛亥革命之前的"下等人"领袖变成了"高等人"的营垒;(二)下等人之中的下等人,就是奴隶牛马的营垒。这都是指着文艺内容方面说的。这里,是不是有"新的文学"形成呢?的确有的,就是现在一般所称谓新文学的。自然哪,有了新式的高等华人,当然有新式的文学。尤其是个性解放和肉体解放主义的新文学,的确是建立了。固然,这里面还有许多不同的派别。例如《良友》画报、《玲珑》杂志是这种文学发展到"成熟"时

---

① 关于"匪徒"的辱骂字眼,我并非不讲礼貌,这是有极大的理由的……

期的东西①。这是新式的礼拜六派。礼拜六派从二十年前的《民权素》、《自由谈》发展出来；良友派也是从"五四"初期的《觉悟》、《学灯》、《晨报副刊》发展出来的。自然可以说：良友派是低级趣味的东西，然而《新月》、《前锋》等等亦是同一种趣味，不过是高级的罢了——趣味的种类是一个，趣味的等级不同罢了。至于集体匪徒主义的文学，为咱们"民族"起见，是"必需要其败退的"。

这样，一般地讲起来，第二次文学革命，的确建立了"新的文学"，然而在文腔改革问题上来讲，这是不是国语的文学呢？那却还不是。"五四"以来的新文学的确形成了一种新的言语，然而这种新的言语却并不是"国语"——现代的普通话。这种新文学的言语，可以叫做新式白话。新文学的任务本来应当顺便建立现代中国文——表现现代中国普通话的一种文字。然而它现在所成形的，却还并不是现代中国文，而是"非驴非马的"一种言语。关于这个问题，我们在下面要详细地说。现在我们只要指说：新文学所用的新式白话，不但牛马奴隶看不懂，就是识字的高等人也有大半看不懂。这仿佛是另外一个国家的文字和言

---

① 所谓"成熟"，照一般生物学上的道理来讲，一定就是衰老和死亡的前一阶段。

语。因为这个缘故，新文学的市场，几乎完全只限于新式知识阶级——欧化的知识阶级。这种情形，对于高等人的新文学，还有可说，而对于下等人的新文学①那真是不可思议的现象！

这样，第二次文学革命只建立新式白话的"新的文学"而还不是国语的文学。

文学革命的任务，显然是没有执行到底。这是因为什么呢？（一）文学革命的新阶段，正在要求第三次的文学革命——在文艺内容上，不但要反对个人主义，不但要反对新文学内部的种种倾向，而且要认清现在总的责任，还有推翻已经取得三四十年前《史记》、《汉书》等等地位的旧式白话的文学；可是，对于这个任务，却没有人注意；（二）第三次的文学革命——在文腔改革上，不但要更彻底地反对古文和文言，而且要反对旧式白话的权威，而建立真正白话的现代中国文；可是，这个问题却正是"新文学"界所最忽略的。② 因为这两个主要的原因，文学革命运动就不能不暴露停滞的现象。

---

① 这里所说的"下等人"已经辛亥革命时候的"下等人之中的下等人"。"下等人的文学"就是下等人所需要的文学。

② 自然"新文学"界之中有些作家自己是注意到真正的白话的运用；但是，却并没有一种强烈的运动，来唤起一般人的注意。

现在我们来看一看:"五四"的文学革命建立了些什么?

第一,诗歌。新式白话诗歌(以及所谓诗剧和新式的歌剧),到现在已经有许多派别,但是,这许多派别却有一个共同的现象,就是仅仅只能够给新式知识阶级看,而差不多都是不能够读的。固然,因为新的诗歌在一般文艺市场上遇不到什么竞争者,所以勉强还可以说"新的诗歌是代替当初的文言诗词"了。但是,我们如果细致一想,就可以知道情形不这么简单。不错,文言诗词的集子(新的现代人的创作),在最近十年来也许一本也没有出过;而新式白话诗的集子,至少已经有一百五六十本,而且正在天天的出版。然而,第一,所谓一般社会还只在读小报上的打油诗——而不能读新诗;第二,下等人是在读和唱五更调等等的小曲子,做梦也没有做到新诗。这种情形,可以说新诗得到了胜利么?第三,"新诗"之中只有一些万分浅薄的"毛毛雨","妹妹我爱你"之类的东西是到了"社会"里去了,可是,这种东西正是变相的礼拜六派(良友派)的东西。西欧各国文学革命建立现代言语的时候,差不多都有伟大的诗人,运用当时一般社会的普通白话,创造优美的真正文学的国语,意大利的但丁、法国的腊新、德国的哥德①、俄国的普希金，都是这样，本来新时代的"新的言语"形成的时候，韵文是有很大的作用的。诗的主要形式，就是节奏和韵脚（押韵是不是押在每一行的末一个字，这是次要的问题，可是，即使是自由诗也一定要有节奏的）。节奏可以帮助一般读者纯熟地练习这种新的言语。但是，中国的新诗却大半不能够读，就是没有把一般人说话腔调之中的节奏组织起来；因此，至少对于一般人，这是没有节奏的东西（新诗对于诗人自己，或者小范围之内的新诗人社会，是有节奏的——他们自己会读自己的诗）。所以，诗的内容即使是好到万分，他用着这种工具，也就决不能够成为"国语的诗"，决不能够打倒打油诗。这里主要的原因，是因为"新诗人"不去运用现代人说的白话，而大半只去运用文言的词藻。

第二，小说。新式白话文学之中，小说要算是很多的了。这里，现在我们亦不讲各种派别的文艺内容，只从一般新式小说的地位来说。社会上的所谓文艺读物之中，新式小说究竟占什么地位呢？它实在亦只有新式知识阶级才来读他。固然，这种新式知识阶级的读者社会比以前是扩大了，而且还会有更加扩大些的可能。然而比较旧式白话

---

① 哥德，今译歌德。——编者注

小说的读者起来，那就差得多了。一般社会不能够容纳这种新式小说，并不一定是因为它的内容——他们连读都没有读过，根本就不知道内容是什么，他们实在认为它是外国文的书籍。我们只要想，旧式白话的武侠、爱情、侦探、黑幕、历史、宫闱小说，是怎样广泛地成为中国一般社会——还算是上等社会的读物。这种东西有流通图书馆，有租书会的组织，一本书还要抵得新式小说八九本。因为每一本这种旧式小说，看的决不止一个人。至于识字更少的"下等人"，他们看"连环图画"的小说，他们也有时事小说和唱本：从蒋老五殉情、阎瑞生惊梦、黄陆恋爱、哑吧①恋爱，一直到最近的太保阿书砍头。他们亦有"街头图书馆"可以借阅。所有这些人，大半都是和新式小说没有关系的，甚至于有极大多数的人是不知道有新式小说的存在的。为什么？因为小说的内容么？不一定。例如关于最近的"大时代"的小说，我敢断定中国至少有二千万以上的人是要读的，而且是非常之想读的，可是他们不能读。因为这种言语不是他们的言语。新式白话不能够就着他们的程度，去引导他们来了解跟运用更复杂些的言语。照理小说和散文，应当比诗歌更加容易表现现代的"人

---

① 哑吧，即哑巴。——编者注

话",因为诗歌里面有的时候还要顾到"诗的言语"的必要,还不容易通俗些——这在欧美各国亦都是这样的。可是,中国现在的新式小说却很多也是用"不像话的"所谓白话写的。这样,"新文学"尽管发展,旧式白话的小说,张恨水、张春帆、何海鸣……以及"连环图画"小说的作家,还能够完全笼罩住一般社会和下等人的读者。这几乎是表现"新文学"发展的前途,已经接近绝境了。因为如果新文学继续用现在这种新式的所谓白话,那么,它的前途便有一个不可逾越的界线——顶多发展到这条界线,往下就绝对不能发展的了。这条界线,我们姑且叫它"绝种界线"。这是什么呢?就是相当"博学"的认识汉字的程度和欧美文法的常识。凡是有可能学得到这两种知识的人,方才可以希望他们懂得"新文学"。然而这个"可能"的范围——"绝种界线"的范围,是很小的,因为这一个可能的价钱是很贵的——从初级小学到很好的初级中学毕业的学费,至少要三四千块钱,所以旧式白话小说——直到街头图书馆里面的连环图画小说,可以安安稳稳地坐在他们的"太平皇帝"的宝座上。新文学呢?顶多也不过发展些新式礼拜六派的势力,换句话说,就是投降"旧文学"。

第三,戏剧。新式的说白戏——对话戏,照理应当比小说更容易建立现代中国文的"新的言语":(一)说白戏本身应当是完全的嘴里面讲的白话,而不是书本上写的白话;(二)说白戏可以不经过汉字而传达到群众方面去。但是,新文学的戏剧之中,至少有百分之七十以上也是用"不像人的话"所谓白话写的。这种句子,如果在戏台上表演的时候,照着剧本上的念出来,那么,看戏的人简直弄到"临台涕泣,不知所云"。固然,新式白话的诗歌、小说,尤其是戏剧,在最近几年来有了明显的进步,其中有一部分真正成熟的作家相当地注意所用的言语。然而这是极少数的。而且这些文腔正确的说白戏,大半都是所谓"爱美剧"的性质。"爱美的"——外国又是"amateur",通俗的翻译可以译作"客串的"。这仿佛只关于剧戏内容的问题,而不是言语的问题。然而这和言语也很有关系。因为剧戏的内容既然是客串的性质的——既然是高贵的知识阶级出来客串一下的性质,所以他们戏剧的题材,便自然而然地只限于知识阶级的怪僻嗜好,这里所用的言语,即便是呱呱叫的真正白话,也只是知识阶级的白话。例如洪深改译的《少奶奶的扇子》、《第二梦》,《新月》上去年发表的《骷髅的迷恋者》(三卷一期)等类的东西,难道是群众所要看的戏么?当然不是的。所以在戏剧问题上,更加充分暴露"新文学界"的小团体主义。因为"新文学界"只管自己这个小团体——充其量也不过一万人,所以,另外的几万万人就自然只能去看"京戏",或者所谓上海派的京戏,以及第一次"文学革命"遗产的文明戏。新式文学在这方面的发展,也至多只有新式礼拜六派的投降政策,譬如"梅花歌舞团"、"桃花歌舞团"、"新春秋剧团"等等出卖肉感的"新戏"。

总之,"五四"的文学革命运动,十二年来的成绩只是如此!国语的文学至今还没有建立。中国一般社会的文艺读物,虽然已经不是《史记》、《汉书》、唐诗……《唐人说荟》、《宋稗类钞》,说得更正确些,已经不是樊樊山、袁寒云、易顺鼎、林纾等等的诗古文词,却又换了张春帆、何海鸣、张恨水……连环图画小说,《蒋老五殉情记》等等。所以,"第三次的文学革命"是非常要紧的了。

第三次文学革命的对象是现在的旧文学——旧式白话的文艺,以及高级的和低级的新式礼拜六派,当然,这个革命运动同时能够开展"新文学界"内部的一种极重要的斗争;第三次文学革命的目的,必须包含继续第二次文学革命的任务——建立真正现代普通话的新中国文(所谓"文学的国语")。谁都应当知道:没有真正现代普通话的新中国文,真正的"新的文学"是不能再发展了。现在"文艺界"的情形明明白白地告诉我们:"新的文学"正受着"绝种界线"的束缚;"没有文腔革命,是不能够彻底实行文艺革命"的。第三次文学革命所以必须要有它自己的"新的言语"——真正现代普通话的新中国文。

四

现代普通话的新中国文的建设问题——不仅是文学范围里面的问题。中国现代的日常社会学术政治的生活,各方面都需要新的言语,事实上——民众的嘴里面也的确天天在那里产生着这种新的言语。然而,"文学界"——狭义的文学市场固然已经把文言的东西几乎完全驱逐出去,而在一般社会生活里面,文言的东西却还占着统治的地位。"新文学界"只顾到自己的小团体,他们和旧式白话文学讲和平,甚至于和一般的文言讲和平,而没有积极的斗争,那么,他们只有更加摧残自己,恶化自己——把新文学的言语自然而然地弄成文言白话杂凑的怪物。这所以和民众生活之中产生"新的言语"的过程隔膜起来,而且对于这种过程无意之中加以阻碍。因为这样,所以我们要特别严重地提出建立新中国文的问题,提出第三次文学革命的问题。

首先,我们要来研究中国的语言和文字的现在状况,亦就要从文言和白话的关系说起。

中国言语和文字的分离而不一致，是比中世纪拉丁文和欧洲各国言语的距离，更加离开的远，因为拉丁文是拼音的文字，它曾经是活过的言语，而中国的文言，却根本没有完全活过。这种畸形怪状，在现代是不能再容忍的了。可是，五四运动的反对文言斗争，做了十年之后，竟然还有潘光旦之类的人出来说："古话文和今话文或白话文究竟能不能划清界限，是一个疑问。"（一九二七年十二月十六日《时事新报·学灯》）居然还有许多小学的中学的所谓国文教科书，和全国报纸都还是用文言。这是万万不能再容忍的了。

文言和白话究竟有没有界限？我们来大概说一说中国言语和文字的发展过程。先把各种言语的绰号定出来：

（一）中国的所谓古文，可以叫做"古代文言"——这是上古中国文。

（二）中国现在所用的文言（报纸、公文等等）可以叫做现代文言——虽然现代还用着，但是始终亦是古中国文，因为这里的文法（字法、句法）亦不是人话的文法——根本不成人话。

（三）中国的旧式白话——这是近代中国文，这是明朝或者清朝人说过的话，不是现在人嘴里的话。

（四）中国的新式白话——这应当是现代中国文。但是，结果是既然不会运用现在人嘴里讲的话，又很不懂得利用和改良旧式白话，却只去因袭文言的文法和外国文的文法——所以是不人不鬼的话。

第一，古代文言：

刘大白说：古文是"二千几百年前一般人口头上流行着的言语"，所以是古人的白话（周朝人的白话），因此，现在这是鬼话了。我以为这是很错误的见解。中国最初的文字，和各国太古时候一样是象形的文字。现在全世界极大部分的先进国家都用的罗马字母，最初也是腓尼基人的象形字，因为进化的结果，才逐渐地变成一个字母代表一种声音的拼音制度。但是中国的象形字却没有完全变化，说正确些，中国字的变化始终没有逃出象形制度的范围。象形制度实在是太古时代所谓"结绳而治"的蜕化。结绳是什么？这是野蛮人的笨方法：在绳上打一个结，帮助记忆某一件事情、东西或者状态。象形——是画一幅小小的图画，这比较进步了，可以记忆更复杂些的东西。然而，这根本不是记载声音的制度。拿这种图画的字形做根据，再发展出什么"指事"、"会意"、"转注"、"假借"，甚至于"谐声"，压根儿就脱离不了象形制度的蠢相。"指事"就是画符号——深奥一点的象形，"会意"就是猜谜子，

"转注"和"假借"就是夹二缠。至于"谐声",就是"秀才读字读半边",其实,这半边还是象形的。总之这种象形字,根本不是代表声音的东西。因此,中国的上古文的原稿——刘大白所认为是周朝人的白话,实际上只是周朝人画的许多花花绿绿的符号,而并不是当时说的白话。再则,用这些符号做成功的文章——《诗经》、《书经》、《易经》……最初大半都是韵文。这倒没有什么奇怪,各国的上古文的作品,凡是遗留下来的,也大半是韵文。这是因为野蛮时代没有纸没有笔,所以重要的历史事实(国王、诸侯打猎啦、打仗啦、教人种田的方法啦),都一定要编成韵文,教大家唱着,才容易记住。中国的所谓国医,最初也还要用"汤头歌诀"的韵文教科书呢。中古世纪的许多技术传授,往往是用这样方法——这是当时的生产方法所规定的。科学的机器工业没有发生的时候,人往往不能用理智的合于逻辑的言语来记载一切东西,而用手工业的特殊方法——熟练的手艺式的文章,就是"知其然而不知其所以然的"方法。这种韵文的传授,必须另外加以解释——所以"经"必须有"传"。这足见"经"本身决不是当时讲的白话,就是"传"亦不是。因为做"传"的文字本身不是能够传达嘴里说的话的东西。因此"传"又需要"注","注"又需要"疏"。但是,注来注去,疏来疏去,仍旧是书本子上的言语,而不是嘴里讲的言语。所以可以说:古代文言并不是周朝人讲过的白话,而只是周朝人书房里的哼哼调。象形制度之下,文字和言语不但不能够一致,而且简直成为另外一国的言语。这样言语根本就没有活过所以也就不会是"死的"。这种不死不活的书房里的言语,本身就最适宜于作韵文:因为这种言语既然是些象形的符号联系起来,要人记忆得住,最好编成押韵的节奏整齐的文章,叫人念着。所以攻击古文之中的所谓"律体"(骈文、四六、赋、颂),说它是"不成话"(刘大白),这是根本用不着的。大家想得通的:就是周朝人也没有把《诗经》当做白话来说。

这种文言,当然也受着白话影响。社会生活一天天地复杂起来,言语一天天地进步,纯粹的象形制度的画符办法,无论如何是不够用的了。而且文言的本身亦是要记载思想的,而思想实在是没有声音的言语,正确些说,是没有说出口的言语。因此,一方面文言受着社会生活的推动,而逐渐进化到散文(这是受白话的影响),别方面,文言的腔调自己能够成为一种不是嘴里说的而只是书房里念的特殊言语。这只是模仿白话又始终不能够变成白话,而只能自成其为一种"文话"。这样,中国的古代社会就自然发生一种"理想的优美的制度":君子(贵族)用文言的腔调在自己脑子里去思想，小人（小百姓）用一般的白话讲话——然而，君子对小人讲话的时候不能够不用白话，甚至于互相讲话的时候也不能够不说白话，至多不过加些"文绉绉"。因此，无意之中文言是受着白话的影响而逐渐进步——就是一天天复杂起来。可是，比起小人讲的白话来，君子的文言始终是另外一种言语。它受白话的影响是有一定的限度的。这对于君子倒是"有利而无害"。社会上的一切知识，既然都是用只适合于文言的象形文字记载着，这些知识就可以由君子独占起来，小人没有份！君子要练习运用这种文言，必须（一）识得很艰深——很蠢笨的许多象形字，尤其艰深的是要人猜谜子的半象形字（会意等等）；（二）熟读几百几千篇古文，使在白话的腔调之外，另外学会一种文言腔调，唱歌似的腔调。这两层功夫至少要花十年二十年的闲工夫。而这闲工夫是要农奴替他们制造的。因此，他们竭力保持古文的正统，排斥白话对于文言的影响，古文调头的保存，部分地可以帮助君子阶级统治的保存。

我们可以说：秀才念文章和道士的念咒、和尚的念经，有一样的作用：道士念咒给鬼听，和尚念经亦是给鬼听——是用玉皇和菩萨的文腔吓鬼；秀才念文章给小百姓听——是用"先王"的文腔吓小百姓！

到了二十世纪，欧洲的科学来到中国——这当然是跟着帝国主义，以及被它所影响的中国的畸形资本主义发展而来的。于是清朝的君子（严复、章士钊等类的人物）就想出一条妙计：提倡用古文翻译科学书。甚至于胡适之以来的"新文学家"都在称赞这些翻译。甚至于到一九三一年还有人用"半古文"出版科学著作。我不知道这"是何居心"！据说他们译书很"郑重"。"郑重"的结果是什么呢？他们是希望企图独占科学的知识。无论如何，这只证明古文的死灭，古文的没有用。如果说这些翻译能够精确地传达原文的意思（"信、雅、达"），那么，传达给谁呢？顶多也不过传达给君子——能够认识深奥的汉字和领会古文文法（腔调）的人。这样，这一些人（而且要懂得《说文》、能够读"子"书的人——大约不过两三千罢），用这种古文去研究科学，另外一些人（而且是三万万几千几百几十万人），是只用白话的，安心去做"荷砖伐木之劳工"，听一个工程师的设计和指挥，用古文来说，就是"出粟米麻丝，作器皿，通货财，以事其上"好了，不要多管闲事，研究什么科学！然而，事实上古文本身是不能适用了。能够真正用古文讲科学有几个人呢？严复的翻译只能证明古文的完全破产。

总之，现代的日常社会生活，现代的学术以至政治生活,不能够容许古文腔调的保持。即使套着诸葛亮《出师表》的调头说:"今岁不征,明年不战,使共产党军阀生火于中原也。"而全篇文章里面始终到处要发现"绝对无须于阶级斗争之手段"等类的句子和字眼夹杂着。四六文的电报可以打一个两个以至于十几个,但是,通常的政治社会生活里面,不能够经常地用这种念文章的腔调——书房里的腔调,也许只有书房里,什么"十一龄女生"、"十二龄女生",能够用这种文腔做课卷——谈谈绝对和实际生活没有什么关系的题目罢?

但是,这种古代文言,居然还有些保存在二十世纪三十年代的中国报纸上!

第二,现代文言:

文言的统治,于是不能够不靠"让步"而保存了。

原来,就是"古文"的名称也是对着八股的"时文"说的。明朝清朝的时候,社会上一般日常应用的文字,已经受着言语转变进化的影响,而改变了"古朴"的神气,成了"油腔滑调"。当时应用的公文程式、普通叙事记述的文字,和"古文"是不相同的。当时只要会运用这种"油腔滑调"就已经可以做官——一般的公文事实上是那时最实用的文字。因此,不要看轻八股,八股却是这种应用文字的练习课卷呢。有了八股——又叫做"时文"之后,然后古文当做文艺作品，方才称起"古文"来的。

现在——从清朝被逼得不能不办洋务的时候起，直到最近这个时期，就亦有现在的时文——所谓现代文言了。现代文言的来源，大家都知道是最初讲洋务的《时务报》、《新民丛报》（梁启超式的文体）。《新民丛报》曾经批评过严复的翻译，说是太深奥了。当然哪！自从"洋务"一天天地发达，政治的社会的生活，以及日常生活和学术生活，都差不多完全改头换面。西崽——大大小小的西崽，或者买办，一天天地多起来。大西崽——例如洋翰林之类固然会学得好古文，或者变相的古文（"深奥"到不可思议的恶劣翻译）。小西崽可不能，而且他们日常和很广泛的下等人以及一般"庸俗的人"，是要接触的。所以他们使用的文字，自然是用古文文言做根据，竭力地对白话让步，同时，把西洋东洋运来一切种种新术语放进中国的文言里面去。这样，便造成了现代文言。

"现代文言"逐渐发展，白话的影响对于它是一天天的增加的。弄到现在，简直成了绝对不像古文的一种文言。现在社会上最通用的就是这种文言。报纸上记载所谓社会新闻、官厅里的公文、商店的广告、工厂的布告……甚至各种科学著作，大半都是这种"不成文"的文言。这种文言虽然受着白话的影响很大，受着外国文的影响亦不小，但是，这些影响也是有限度的。因为：（一）这种言语始终是"文言的言语"——不能用来讲话的，它是只能够看，不能够读的东西；（二）这种言语根本也不能够成为文学的言语，它本身是以"文言为体，白话为用"的系统，一到讲起学术文艺生活的时候，这种文章里面立刻就要夹杂古文的"词藻"进去。所以这当然根本不能够成为文学的国语。所谓"文言的言语"，这是中国象形制度之中的特产。各国人都说读报，中国人却说看报。中国文言的文字，无论文体怎样变化，都是只能用眼睛，而不能用耳朵的。现代文言的特点，本来又是站在文言的地位去对白话让步的，就是：凡是文言里面原来没有的字眼，方才采用白话里面的材料，这当然不会帮助白话一天天地增加学术上文艺上的"白话词藻"。所以现代文言始终是中国式的古老工具，不能够适应现代的生活。况且要懂得这一种文言，虽然不一定要念熟几千篇古文了——因为它的腔调和白话稍稍接近了些，已经不是书房里念文章的腔调，而是小西崽翻译洋大人命令之后，在会审公堂念判决词的腔调；然而，单是听了还是不懂的，仍旧一定要看汉字，而这里用的汉字，至少也有八九千呢。认识八九千汉字的价钱并不小哩！

第三，旧式白话：

白话文学运动发展之后，一般"新文学界"往往以为

"水浒""红楼"的白话,就是所谓"活的言语"。其实,这是错误的见解。"水浒"的言语,和"红楼"的言语,本来是不大相同的。这里,反映着明朝到清朝白话的变迁。现在一般礼拜六派和一切用章回体写小说的人,其实是用的"死的言语"——鬼话。这种旧式白话的确是活过的言语,但是,它现在已经死了。这种用当时的言语来写成的文腔——开始是唐五代的"民间文学家"。在唐以前,大概还只有民歌等类的韵文。唐五代的"俗文学"(敦煌千佛洞发现的旧书)之中,就已经有散文的。宋朝的"平话"小说之后,就比较地更发达起来。跟着宋人的"语录",明清的白话告示等等都来了。这历史的事实证明:用当时白话的言语写文章,是最能够造成文学的言语的——创作文艺作品,以及讲哲学科学政治……这种文腔的来源,却的确是嘴里讲的话。唐五代的"佛经演义"是讲经的记录,宋朝的平话小说,据说亦是讲的历史的记录;到明朝,"说书"早已成为专门的职业。现在的章回体小说的体裁,还保存着口头上讲书的痕迹,例如开头是"却说……",末了是"且听下回分解"。

然而用这种文腔现在来写小说,却已经和现在嘴里讲的话不同了。这种腔调,现在只有京戏里的说白,文雅的,可以算是昆腔里的说白。这些小说里面,往往夹用着许多文言的句子，掉文的腔调。这是因为虽然这种文腔已经是白话，可是，受着很多的文言的影响，尤其是一般"文人"模仿的。而且这些"文人"只肯用文腔写小说，不写别的！

第四，新式白话：

白话文学运动所创造的言语，应当是根据现代普通人嘴里讲的话，加以有系统的整理、调节和组织，而成为现代的普通话的新中国文。但是，事实上，现在"新文学"的新式白话，却是不人不鬼的言语。当然，有很少数的文学家能够写出比较优美的通俗的可以读的文章。然而大半的新式白话的成分，却是非常混乱地杂凑的。这些成分是：
（一）旧式白话的腔调——例如"既如此，我便将她的信撕了"之类的句子，甚至于有些根本是文法上不通的；
（二）文言的腔调——例如不说"如果"或者"假使"，而只写一个"若"字，不写"那么"，而只写一个"则"字；
（三）外国文法的"硬译"——例如"我决不是要由这一点，在同志里培进斯基上头竖起十字架来。"请问：这种腔调，是我们日常讲话、演讲的腔调么？如果用这种腔调，真正一个个字地念着，去对人家讲话，或者在讲演坛上去讲演，那我可以断定：一定要引起"哄堂的"大笑！这样，这种新式白话仍旧是只能够用眼睛看，而不能够用耳朵听的。它怎么能够成为"文学的国语"呢？恐怕还是叫做新式文言妥当些罢？

对于上等人，也许可以满意。"现代文言"——用来日常应用，新式白话——用来写高级趣味的文艺作品、社会科学的著作等等。只苦了下等人！不要紧！用旧式白话写式体"连环图画"，给你们看看，咱们这样分工合作劳资互助罢！

五

总之，五四运动之后的十二年，中国的所谓"国语的文学和文学的国语"，都还没有建立起来。而不注意在一切日常生活之中，去组织整理现代社会里自然生长着的"新的言语"，就是不去建立"文学的国语"，那么，所谓"国语的文学"也是无从建立的。现在中国的言语，实在处于极端混杂的状态之中。

古代文言还存在着——政治家的电报，遗老遗少的私塾和学校里，都常常用着古文和四六。现代文言是统治着——报纸上一般新闻的记载、官厅的公文、商店的广告、工厂的布告、银行的报告、种种科学教科书、政治论文和学术论文……新式白话只算一种高尚玩具——新式的诗歌小说戏剧、一部分社会科学自然科学的著作和论文、一般新式杂志的论文（其中有许多实质上是现代文言，不过把"的吗了呢"代替"之乎者也"罢了）。旧式白话算是低级趣味的玩具——旧式小说的"创作"以及"下等人"的读物。这四种言语同时存在着——我们只要看一看《申报》，它简直天天是在开中国言语的"古物陈列馆"。要懂得《申报》的全部，差不多就必须在中国的"本国译学馆"毕业。这是多么奇怪的怪现状！如果你跑到伦敦，忽然看见英国最大的报馆，以及一切出版物，同时用着拉丁文、古英文、中世纪英文（Middle English）等等言语，却偏偏不用现代英文——伦敦街上你所听见的言语，那么，你的感想是怎么样呢？

"第三次的文学革命运动"，是非常之需要的了。

现代普通话的新中国文是必须建立的，这是文学革命运动继续发展的先决条件。现代普通话的新中国文是什么？首先，这应当是和言语一致的一种文学。当然，书本上写的言语和嘴里讲的言语，多少总有点区别。这是很自然的。但是，书本上写的言语应当就是整理好的嘴里讲的言语，因此，它可以比较复杂些，句子比较的长些，字眼比较的细腻些。然而它不应当比较嘴里讲的言语起来是另外一种的言语。所以必须注意：使纸上字的言语，能够读出来而听得懂，就是能够"朗诵"。其次，这种文字应当和言语一致，是说和什么言语一致呢？应当和普通话一致。普通话不一定是完全的北京官话。本来官话这个名词是官僚主义的。当然，更不是北京土话。现在一般社会生活发展的结果，所谓五方杂处的地方是"文化的政治的经济的中心"，能够影响各地方的土话，自然而然地叫大家避开自己土话之中的特别说法和口音，逐渐形成一种普通话。这种普通话大半和以前"国语统一筹备会"审定的口音相同，大致和所谓北京官话的说法相同（例如不写"啥物事"，或者"乜"，或者"嘛事"，而写"什么"）。这种普通话不必叫做国语。因为：第一，各地方的土话在特别需要的时候，应当加入普通话的文章里，才更加能够表现现实的生活（例如小说里的对话之中，有时候是会有这种需要的）；第二，各地方的方言——例如广东话、福建话、江浙等等话，应当有单独存在的权利，不能够勉强去统一的。现在只是要用中国的普通话来写文章，而不用土话或者方言。将来是不是需要另外建立一种用广东的普通话来写广东文，或者其他的"方言文"，这是要看将来各地方社会的政治的发展程度和一般情形来决定的。总之，现代普通话的新中国文应当有一个总的原则。就是：适应从象形文字转变到拼音文字的过程，简单些说，就是只能够看得懂还不算，一定要听得懂。现在只举一个例子：说"闭关主义"会和普通话读音的"悲观主义"相混的，那么，我们应当放弃文雅的"闭关"两个汉字，而写"关门"两个字——不写"闭关主义"而写"关门主义"。

现代普通话的新中国文必须是真正现代化的。这就是说，必须写现在人口头上讲的话。这里尤其要注意言语之中最重要的部分：所谓虚字眼——关系词（preposition）、联络词（conjunction）、代名词跟字尾。现代中国研究言语学的人（例如沈步洲、王古鲁），有一种"妄自高大"的学说，说中国古代的那种孤立语——没有字尾变化的言语是比英法拉丁文都要进步！事实上，中国现代的言语，正在进化到有字尾的状态。例如名词的字尾"子"（桌子、凳子、椅子的子），"儿"（瓶儿的儿）；动词的语尾"着"、"了"，形容词的语尾"的"等等。再则，大家还有人以为中国言语是一种"单音节的言语"（monosyllabic language）。其实，中国的言语早已开始变成"多音节的"，尤其是现代的中国话，单音节的字眼已经很少的了。我们只要翻开字典，一个一个字地看下去，自己心上读一读：哪一个字是单独讲的时候听得懂的。这种字——"单音节的字眼"已经不很多了。因此，我们应当注意：现在人口头上讲的"人话"已经是多音节的有语尾的中国话。但是，新式白话之中，时常可以看见违背"人话"规则的文字，甚至于整部的小说或者政治论文。例如"他的女（朋）友，实（在）令（叫）我（觉得）惊奇（奇怪）"——这样一句小句子里面，就要有许多错误！（上面那句句子里，我加上圆括弧的地方是应当增加的字，加上方括弧的地方是应当换掉的字）。① 再则，现在的中国话，有许多虚字眼和"红楼"时代或者"水浒"时代不同了。但是，一般"文学家"尚且不注意。例如：不写"我把两只梨子吃了"，而写"我将二梨吃了"，不写"跟"（and）、"和"（with）而写"及"、"与"；应当用两个字的地方，往往只写一个。这算是白话？

当然，并不是说不能够采用文言的材料。正确些说：可以采取汉字做"字根"，来制造许多新的字眼。这是言语一天天丰富起来所应当做的事情。但是，一定要遵照现代化的原则。例如："安定"、"严重"、"隔膜"……这些都是用汉字的材料制造成功的新字眼。然而如果写"痴愚"，就不如写"呆笨"，如果写"缄默"，就不如写"不做声"——为什么？因为白话里面原来有的字眼，应当尽先采用，因而那些读出来听不懂的汉字，应当尽可能地完全不用。

现代普通话的新中国文，应当用正确的方法实行欧洲

---

① 原文中并无方括弧。——编者注

化。中国言语的欧化是可以的，是需要的，是不可避免的。现在的普通话里面，事实上也有些欧洲化的成分。但是，必须有正确的方法，为什么"政府"、"法律"等等新名词——三十年前的新名词，现在很通行了，大家都不觉得这是东洋化的中国字眼了？因为这些新字眼的制造方法，是合于中国言语自己的规律的。当初也有许多"硬译"的名词，它们自然淘汰了，现在许多翻译的书，甚至于自己"创作"的书，为什么像各国文那样难懂？因为欧化的方法不正确。第一，字法方面，应当明白中国言语自己的字法，根据中国字法来采用欧洲"印度日耳曼语族"的文法。例如中国的副词（adverb）有些地方需要加一个"的"的语尾（例如，"你慢慢的走罢"），有些地方却是用不着的，形容词也是这样（例如，我们不一定说：一张红的桌子）。但是，"新文学"里面，却往往是在每一个形容词、副词后面，一概加上"的"和"地"的语尾，甚至于写"幽默的地"这一类字眼！第二，句法方面，应当欧化——应当很自然地加上必须的辅助句子，去形容那个主要句子。但是，譬如说何必不写："她是一个寡妇，有两个女儿一个儿子——她……"而一定要写："她是有两个女儿一个儿子的寡妇……"或者写"有着两个女儿一个儿子而做着寡妇的她……"请问这是优美些么？不见得。如果文艺应当是给平民群众听的艺术作品，那么，这种欧化句子读出来，简直是极恶劣的中国话，一些儿优美意味也没有。难怪"说书的"、唱"滩簧的"比"新文学家"高明！第三是章法方面。固然，文艺作品可以尽量地采取"欧化"的章法——就是叙事写景是可以颠倒的。但是，应当知道这种章法不是欧洲言语本身的特点。中世纪的欧洲，一样有过中国《今古奇观》式的章法。意大利的《十日谈》就是这样的文章。开始是姓什么，叫什么，住在什么地方……这样顺着叙说一件一件的故事。这是比较呆笨的。但是，读者，是不是应当顾到的呢？我认为必须顾到"某种"读者的程度，可以为着他们特别写一种简明的章法；也可以用所谓"欧化的"章法而在每一段说明前后事实的联系，——这样去领导中国读者到更复杂的章法方面去。假使尽是要人家猜谜子的东西，那么，自然只有会猜谜子的人来读。

所以，现代普通话的新中国文，应当是习惯上中国各地方共同使用的，现代"人话"的，多音节的，有语尾的，用罗马字母写的一种文字。创造这种文字是第三次文学革命的一个责任。

一九三一年五月三〇日

大众文艺的问题

一、问题在哪里？

中国的劳动民众还过着中世纪式的文化生活。说书、演义、小唱、西洋镜、连环图画、草台班的戏剧……到处都是，中国的绅士资产阶级用这些大众文艺做工具，来对于劳动民众实行他们的奴隶教育。这些反动的大众文艺，不论是书面的、口头的，都有几百年的根底，不知不觉地深入到群众里去，和群众的日常生活联系着。劳动民众对于生活的认识，对于社会现象的观察，总之，他们的宇宙观和人生观，差不多极大部分是从这种反动的大众文艺里得来的。这些反动的大众文艺自然充分地表演着封建意识的统治。这里，吃人的礼教仍旧是在张牙舞爪，阎王地狱的恐吓、青天大老爷的崇拜、武侠和剑仙的梦想，以及通俗化了的所谓东方文化主义的宣传,恶劣的淫滥的残忍的对于妇女的态度……仍旧是在笼罩着一切,无形之中对于革命的阶级意识的生长,发生极顽固的抵抗力。最近,满洲事变和上海事变之中,反革命的资产阶级怎样利用这些工具来阻止民众的革命化更表现得明白了。

"五四"的新文化运动对于民众仿佛是白费了似的!"五四"式的新文言(所谓白话)的文学,以及纯粹从这种文学的基础上产生出来的初期革命文学和普洛文学,只是替欧化的绅士换了胃口的鱼翅酒席,劳动民众是没有福气吃的。为什么?因为中国的封建残余——等级制度的统治,特别在文化生活上表现得格外明显。以前,绅士用文言,绅士有书面的文字;平民用白话,平民简直没有文字,只能够用绅士文字的渣滓。现在,绅士之中有一部分欧化了,他们创造了一种欧化的新文言;而平民,仍旧只能够用绅士文字的渣滓。现在,平民群众不能够了解所谓新文艺的作品,和以前的平民不能够了解诗、古文词一样。新式的绅士和平民之间,没有共同的言语。既然这样,那么,无论革命文学的内容是多么好,只要这种作品是用绅士的言语写的,那就和平民群众没有关系。"五四"的新文化运动因此差不多对于民众没有影响。反对孔教等等在民众之中还只是实际革命斗争的教训,还并没有文艺斗争里的辅助的力量。

因此，现在决不是简单的笼统的文艺大众化的问题，而是创造革命的大众文艺的问题。这是要来一个无产阶级领导之下的文艺复兴运动，无产阶级领导之下的文化革命和文学革命，"无产阶级的'五四'"——这固然有时是反对资产阶级的斗争，可是在现在的阶段上，这显然还是资产阶级民权主义的任务。① 问题是在这里！

文艺战线上的革命斗争，直到现在，还只限于反对欧化的知识青年之中的种种反动派的影响；而在劳动群众之中去反对一切地主资产阶级反动文艺的斗争，差不多还没有开始。无产阶级的革命的意识，要去争取劳动民众，要去打击和肃清地主资产阶级的影响，在文艺上就必须开展一个新的文化革命的剧烈的斗争。这就必须去研究大众现在读着的是些什么，大众现在对于生活和社会的认识是什么样的，大众现在读得懂的并且读惯的是什么东西，大众在社会斗争之中需要什么样的文艺作品。总之，是要用劳

---

① 这是要无产阶级来领导肃清封建意识的文化斗争，彻底执行这个民权主义的任务；中国的资产阶级已经是反对这种文化革命的力量，他们反而在竭力维持封建意识，维持中世纪式的文化生活，借此更加加重他们的剥削，散布反动的资产阶级的意识；因此，这个文化革命的斗争，同时是要反对资产阶级的，而且准备着革命转变之中的伟大的文化改革——向着社会主义的前途而进行。

动群众自己的言语，针对着劳动群众实际生活里所需要答复的一切问题，去创造革命的大众文艺，在这个过程之中，去完成劳动民众的文学革命，造成劳动民众的文学的言语。

总之，革命的大众文艺问题，是在于发动无产阶级领导之下的文化革命和文学革命。忽视这种资产阶级民权主义的任务——正是以前革命的文学界空谈大众文艺和文艺大众化而没有切实斗争的最大原因。

二、用什么话写？

"五四"之后，从"文学革命"发展到"革命文学"，这是前进的斗争。但是，几乎是在革命文学的营垒里，特别地忽视文学革命的继续和完成。于是乎造成一种风气：完全不顾口头的中国言语的习惯，而采用许多古文文法、欧洲文的文法、日本文的文法，写成一种读不出来的所谓白话，即使读得出来，也是听不懂的所谓白话。固然，有些著名的文学家，他们自己写的作品，宽泛些讲起来，是能够写出真正的白话的。但是，自从一九二五年之后，谁也没有再特别注意有提出文学革命的问题。一切"新文艺"方面的作品和论文，尤其是翻译，都在随意地写着那种新式的文言（所谓白话），一点儿也没有受着什么惩罚。革命文学方面是这样，地主资产阶级方面当然不必说了。反动派只会利用这种革命队伍之中的弱点，来打击革命文学的发展。这和革命领导机关的政治上的错误是一样的，客观上帮助了反革命的势力，而使自己和广大的群众隔离起来。

因此，大众文艺的问题首先要从继续完成文学革命这一方面去开始。大众文艺应当用什么话来写，虽然不是最重要的问题，却是一切问题的先决问题。譬如说：英国工人不能够读中世纪的英文和拉丁文杂凑起来写的小说，中国工人也不能够读中国古文和欧化文法杂凑起来写的作品。

现在中国文字的情形是，同时存在着许多种不同的文字：（一）是古文的文言（四六电报等等）；（二）是梁启超式的文言（法律、公文等等）；（三）是"五四"式的所谓白话；（四）是旧小说式的白话。中国的汉字已经是十恶不赦的混蛋的野蛮的文字了，再加上这样复杂的，互相之间显然有分别的许多种文法，这叫三万万几千万的汉族民众怎么能够真正识字读书?！这差不多是绝对不可能的事。要懂得一张《申报》，起码要读五年书！而这种现状，正是地主资产阶级竭力维持着的。言语文字的革命，固然是资产阶级民权主义的任务；然而中国资产阶级不能够完成这种任务，而且已经在反对这种彻底的文学革命。他们趁着"五四"所开始的文艺复兴运动（也许不是有意的），造成了一种所谓白话的新文言，他们把这种新文言赏给自己的欧化子弟给他们玩耍玩耍。至于劳动民众仍旧只能够应用一下绅商文字的渣滓——那种测字先生的调文腔调的旧小说的白话。

然而旧小说式的白话，和"五四"式的新文言比较起来，却有许多优点。"五四"式的新文言，是中国文言文法、欧洲文法、日本文法和现代白话以及古代白话杂凑起来的一种文字，根本是口头上读不出来的文字。而旧小说式的白话，却是古代的白话，比较有规律地溶化着一些文言的文法，这是明朝人说过的话，虽然读出来也并不是现代中国人口头上说的话，而只是旧戏里的说白，然而始终还是读得出来的。因为这个缘故，旧小说的白话比较地接近群众，而且是群众读惯了的——这种白话比较起其余几种的所谓中国文来，有一个主要的特点，就是只有它是从民众的口头文学（宋元平话等等）发展出来的。反动的大众文艺就利用这一点，而更加根深蒂固地盘据①在劳动民众的文艺生活里面。革命文艺如果没有战胜它这种优点的工

---

① 盘据，现写作盘踞。——编者注

具，那就是奉送群众给它。

所以新的文学革命不但要继续肃清文言的余孽，推翻所谓白话的新文言，而且要严重地反对旧小说式的白话，旧小说式白话真正是死的言语。反对这种死的言语就要一切都用现代中国活人的白话来写，尤其是无产阶级的话来写。无产阶级不比一般"乡下人"的农民。"乡下人"的言语是原始的、偏僻的。而无产阶级在五方杂处的大都市里面，在现代化的工厂里面，他的言语事实上已经在产生一种中国的普通话（不是官僚的所谓国语）！容纳许多地方的土话，消磨各种土话的偏僻性质，并且接受外国的字眼，创造着现代科学艺术以及政治的新的术语。同时，这和知识分子的新文言不同。新文言的杜撰许多新的字眼，抄袭欧洲日本的文法，仅仅只根据于书本上的文言文法的习惯，甚至于违反中国文法的一切习惯。而无产阶级普通话的发展，生长和接受外国字眼以至于外国句法……却是根据中国人口头上说话的文法习惯的。总之，一切写的东西，都应当拿"读出来可以听得懂"做标准，而且一定要是活人的话。

至于革命的大众文艺，尤其应当从运用最浅近的无产阶级的普通话开始。这在最初，表面上看来，似乎是模仿旧小说式的白话。但是，这决不应当是投降政策。这是要无产阶级的先进分子领导着一般劳动民众去创造新的丰富的现代中国文。有必要的时候，还应当用某些地方的土话来写，将来也许要建立特殊的广东文福建文等等。

三、写什么东西？

革命的大众文艺应当写什么东西？这问题应当分两方面来说：

第一是形式方面。首先要说明的是：革命的先锋队不应当离开群众的队伍，而自己单独去成就什么"英雄的高尚的事业"。笼统地说什么新的内容必须用新的形式，什么只应当提高群众的程度来鉴赏艺术，而不应当降低艺术的程度去迁就群众——这一类的话是"大文学家"的妄自尊大！革命的大众文艺必须开始利用旧的形式的优点——群众读惯的看惯的那种小说诗歌戏剧——逐渐地加入新的成分，养成群众的新的习惯，同着群众一块儿去提高艺术的程度。旧式的大众文艺，在形式上有两个优点：一是它和口头文学的联系，二是它是用的浅近的叙述方法。这两点都是革命的大众文艺应当注意的。说书式的小说可以普及到不识字的群众，这对于革命文艺是很重要的。有头有脑的叙述——不像新文艺那样的"颠颠倒倒无头无脑的"写法——也是现在的群众最容易了解的。

因此，革命的大众文艺，应当运用说书、滩簧等类的形式。自然，应当随时创造群众所容易接受的新的形式。例如，利用流行的小调，夹杂着说白，编成为记事的小说；利用纯粹的白话，创造有节奏的大众朗诵诗；利用演义的体裁创造短篇小说的新形式。……至于戏剧，那就新的办法更多了。这在实际工作开始之后，经验还会告诉我们许多新的方法，群众自己会创造许多新的形式。完全盲目地模仿旧的形式，那就要走到投降的道路上去。

第二是内容方面。革命的大众文艺和一般的普洛文学运动一样，现在，创作的中心口号，应当是："揭穿一切种种的假面具，表现革命战斗的英雄。"可是特别要注意的，是明了真正大众之中的革命敌人的意识上的影响在什么地方。这是文艺战线上革命斗争的重要任务。不能够估计敌人的力量，自然也就不能够作战。革命文艺的初期，正因为不会估计现实的形势，所以只有些标语口号的叫喊。这不是向敌人进攻，不是向反动意识去攻击，而只是叫喊。革命军队的枪炮不对着敌人瞄准，而只在战场上眼睛向着天摇旗呐喊——这虽然很"勇敢"，而事实上的确没有打仗！因为这个缘故，甚至于有人反对暴露敌人的假面具，甚至于有人反对描写地主资产阶级和小资产阶级。现在，必须深刻地了解革命文艺的任务，是要看清了当前的每一次事变之中敌人用什么来迷惑群众，要看清了群众的日常生活经常地受着什么样的反动意识的束缚，而去揭穿这些一切种种的假面具；要去反映现实的革命斗争，不但表现革命的英雄，尤其要表现群众的英雄，这里也要揭穿反动意识以及小资产阶级的动摇犹豫，揭穿这些意识对于群众斗争的影响，要这样去资助革命的阶级意识的生长和发展。

革命的大众文艺因此可以有许多种不同的题材。最迅速地反映当时的革命斗争和政治事变，可以是"急就的"、"草率的"、大众文艺式的报告文学，这种作品也许没有艺术价值，也许只是一种新式的大众化的新闻性质的文章。可是这是在鼓动宣传的斗争之中去创造艺术。可以是旧的题材的改作，例如"新岳传"、"新水浒"等等。可以是革命斗争的"演义"，例如"洪杨革命"、"广州公社"、"朱毛大下井冈山"等等。可以是国际革命文艺的改译，可以是暴露列强资产阶级帝国主义的侵略的作品，可以是"社会新闻"的改编，譬如反动的大众文艺会利用什么"阎瑞生案"、"黄陆恋爱"、"洙泾杀子案"等等，革命的大众文艺也应当去描写劳动民众的家庭生活、恋爱问题，去描写地主资产阶级等等给大众看。这最后一点，值得特别提起大家的注意：因为直到如今，革命文艺还是不能够充分地执行这个文艺斗争的特殊任务。

四、前途是什么？

革命的大众文艺发展的前途，应当成为反动的大众文艺的巨大的强有力的敌人，应当成为"非大众的革命文艺"的真正的承继者。

革命的大众文艺的创造是一个伟大的艰难的长期的斗争，应当要和极广泛的劳动民众联系着，应当争取广大的公开的可能，应当造成劳动者的文艺运动的干部（主要是要工人来领导）——开始可以是口头文学的干部，随后一定能够进到书面文学的干部。这都需要长期的刻苦的切实的有组织有系统的工作。

现在的事实是：大众文艺和非大众文艺同时存在着。这是因为封建的等级制度的残余，尤其是在文化关系上，还维持着统治的地位：士绅等级和平民等级没有共同的言语。谁要否认这个事实，他就不能够有正确的斗争路线，结果，不是放弃新的文化革命的任务，就是幻想完全依赖欧化的知识青年去做一种自由主义的"教训"民众的文化运动。

现在是要非大众的革命文艺的大众化——同时继续在知识青年的小资产阶级群众之中进行反对一切反动的欧化文艺的斗争；而在大众之中创造出革命的大众文艺出来，同着大众去提高文艺的程度，一直到消灭大众文艺和非大众文艺之间的区别,就是消灭那种新文言的非大众的文艺,而建立"现代中国文"的艺术程度很高而又是大众能够运用的文艺。

一九三二年三月五日重写

再论大众文艺答止敬

一

我的《大众文艺的问题》发表之后，止敬①先生提出不同的意见出来讨论，他在《文学月报》上公布了《问题中的大众文艺》。这是多么可以喜欢的事情，总算问题开始讨论了。止敬先生的意见，是说"杰出的旧小说已经圆满地解决了一切关于文学技术上的问题，而革命文艺却完全没有解决"。所以即使革命文艺有了一些"可读可听而懂的作品；也是终于跑不进大众堆里，即使勉强走了进去亦被唾弃"。"旧小说之所以更能接近大众乃在其有接近大众的技术，而非在文字——技术是主，作为表现的媒介文字本

---

① 茅盾的笔名。——编者注

身是末。"因此,他说写大众文艺的文字,不妨仍旧用"通行白话——宋阳①先生所谓新文言。现在通行的白话,尚不至于像宋阳所说的那样罪孽深重无可救药,而且不是完全读不出来听不懂……宋阳先生挑取了最极端的文言以骂倒全体,不能使人心服"。他的结论是:"技术为主文字是末,即使读出来听得懂,要是技术方面还像前几年的'革命文学',那就不能使大众感动,仍旧不是大众文学。"

这里,他的主要的意思有两方面:一是艺术价值方面的问题,他认为"不能使大众感动的就不是大众文学";二是文学革命方面的问题,他认为新文言可以用来写大众文艺,大众文艺的运动不必同时负担领导新的文学革命的任务——因为根本就不需要什么新的文学革命。

很明显地,止敬先生和我之间有了原则上的不同意见。

但是,在讨论这种原则上的不同意见之前,还要先扫除一些"误会"。这样,可以使得问题更加清楚明了:

第一,止敬先生说我"挑取了最极端的文言以骂倒全体,不能使人心服"。而我的文章里,原来并没有说这样的话,我说的是:

---

① 瞿秋白的笔名。——编者注

……常常乱七八糟的夹杂着许多文言的字眼和句子。写成一种读不出来的所谓白话，即使读得出来也是听不懂的所谓白话。固然，有些著名的文学家，他们自己写的作品，宽泛些讲起来，是能够写出真正的白话的。但是，自从一九二五年之后，谁也没有再特别注意有提出文学革命的问题……

第二，止敬先生说："仅仅学取了那种（旧小说的）半文半白的句调，是无用的，并且也是不必要。"仿佛我主张过要用旧小说式的白话似的。而事实上，恰好绝对的相反。我说的是：

旧小说的白话是"死的言语"。……现在必须发动一个反对"死的白话"的革命运动。……新的文学革命，不但要继续肃清文言的余孽推翻所谓白话的新文言，而且要严重的反对旧小说式的白话。

第三，止敬先生说："宋阳先生所描写得活龙活现的'真正的现代中国话'，何尝真正存在。新兴阶级中并无此全国范围的中国话！"其实，我也并没有说全国范围的口音完全统一的中国话已经存在。我说的是：

新兴阶级的言语事实上已经在产生着一种中国的普通话。

我这个意思是说：一种普通话已经在产生着，但是还没有完全形成。只有各省人互相谈话演讲说书的时候，发现着这种普通话的进展，所以我接着说："这是要新兴阶级的先进分子，领导着一般劳动民众去创造新的丰富的现代中国话……将来也许需要建立特殊的广东话福建话等等。"而且我所着重的是：要用什么话写。而事实上，现在用来写给各地方工人看的非文艺的一切刊物，是在运用着这种普通话——正在产生着的普通话。关于这个问题，底下要详细地讨论。

第四，止敬先生说："一个小学三年级生中途辍学而做工人……因为读过几年新文言的白话教科书……一定是新文言比较的接近。"而我说的是：

旧小说的白话比较的接近群众，而且是群众读惯的。

这里是说的群众，不是说个别的例外。一九一九年发生的五四运动，所谓白话小学教科书方才在一九二〇年（民九）得到了"合法的"基础。今年是一九三二年。这是短短的一个时期，中国小学校本来已经少到极点，在汉字教育制度之下能够在两三年内学会了勉强看书的穷苦小学生，又是更少数的比较聪明的。即使这些没有能力在小学毕业的人，都有机会跑进工厂去做工人，也只是工人之中的一小部分。这种例外自然是有的，甚至于初中毕业了也不能够不去做工人的人也有，但是这不是大多数的识字的群众（不识字的，或者识得十几个字的，这里不必去说他们，因为我们暂时是专讲读小说的人）。大多数的识字的群众，还是私塾里认过千把字的，然后，弄堂门口看连环图画等学来的（连环图画在上海是民国元年以前就有的了）……总之，拿新文言的作品和旧小说比较起来，旧小说在识字的下层群众之中占着统治的地位，像"五四"以前古文文言在士大夫式的知识分子之中占着统治的地位一样。这是事实。

这些误会扫除之后，我们所讨论的问题就比较的清楚了：第一，我并不是专在文字问题上批评新式的文艺，而骂倒一切；第二，我并不主张要采用旧小说的死白话来写大众文艺；第三，我是主张用现代中国话来写一切东西，而尤其要用最浅近的现代话来写大众文艺，来创造新的中国普通话；第四，我是指出现在的事实——是旧小说的死白话霸占着大众的文艺生活（并不是说大众之中有没有比较接近新文言的人的问题）。

最后，止敬先生的文章里包含着一种意思：仿佛我的主张是"把作为工具的文字本身开刀了事"，完全不管文学技术上的问题，因此，可以使人"误解以为只要大众听得懂的话，就算是大众文艺"。这也是不合事实的。我的主张，是从解决"文字本身"开始，而不是就此"了事"。而且"开始"和"了事"都不能够说明我的意见。还是我第一篇文章里的话，最足以明显地确定地表示我的主张：

> 创造革命的大众文艺，在这个过程之中去完成劳动民众的文学革命，造成劳动民众的文学的言语。

这是我第一篇文章的主要意思：大众文艺运动和新的文学革命联系起来。

二

现在，可以说到要和止敬先生商量的主要问题了。

首先是所谓"技术为主"的问题。

止敬先生认为大众文艺，必须用"杰出的旧小说的技术"来写。而且他说，并不能够"把章回体的有头有尾的平铺直叙，当作旧小说的描写方法的全部"，而"要知道旧小说主要的描写方法是动作多，抽象的叙述少"。他认为这是"旧小说之所以能接近大众的主要原因"，还有一个主要原因却是"旧小说内所包含的宇宙观人生观本就为大众所固有"。至于文字问题，对于它是"末"——是无关重要的问题。

我想，这里顺便地要说明一件事：就是旧小说所包含的宇宙观人生观，不能够说是"大众所固有的"，而只能够说是统治阶级所布置的天罗地网，把群众束缚住的。这里，我们不来详细地说这个问题。我们暂时，在这篇文章里面，只要说明文艺的技术和文字的问题。关于这个问题，止敬先生的意见表明了他所说的"大众文艺"只是"杰出的大众文艺"，他的提出问题的方法和我完全不同，范围要小得多，因此，实际上取消了大众文艺的广大运动，而只剩得大众文艺的描写方法问题。自然，广大的大众文艺运动的一切问题之中，包含着文艺技术的问题；可是，单纯的文艺技术问题，却代替不了大众文艺运动的全部。这是我和止敬先生之间的原则上的不同意见的第一部分。关于这一部分，可以分做几层来说明：

第一,"文艺"这个名称本来就有广义的和狭义的分别,对于艺术家,用严格的标准去估量一切艺术作品的价值的时候,他可以说某种作品算不得"艺术",说不上什么"文艺"。但是,艺术理论所研究的广义的艺术对象,却可以把"凡是用形象去表现思想和情感"的作品,都当做艺术看待,然后再去研究它的价值。就是一般社会上通俗的名称——在欧美也就说惯了——所谓"文艺",就是诗歌、小说、剧本等类的东西。这些东西写得好不好,感动力量大不大,"杰出不杰出",那是第二步的问题。我在第一篇文章里,一开始就说明:"说书、演义、小唱、西洋镜、连环图画,……到处都是,中国的绅商阶级用这些大众文艺做工具,来对于劳动民众实行他们的奴隶教育。"我显然是指着一般的"大众文艺"而说的,并没有讨论到"杰出的旧小说"。这些东西,现在马路上弄堂口的书摊子等等类……是不是叫做反动的大众文艺呢?当然没有什么别的名称。这些一般的所谓文艺,是不是有相当的、而且很大的影响呢!自然是有的。但是,并非每一种这类的"作品",都是"水浒"。而识字的群众日常地读着,不识字的群众也往往听人家随随便便地讲着。也许他们并不怎么"爱好"、"感动",可是,他们就这么看惯了,听惯了,"日久成自然",不知不觉地受着这些东西的"指示"。自然,这些东西之中艺术力量越大,"感动"的力量也就越厉害。我们的斗争的对象可不能够限于一些"杰出的旧文艺",而一定要注意到一般的旧式文艺作品——这些东西也时常发现新的作品,尤其是关于时事的。

第二,我们所说的革命大众文艺的创造,也正是指着一般的大众的革命文艺而说的。我具体地举了一些例子,像大众文艺的报告文学等等(参看上一篇文章和《文学》上的文章)。这是因为我们要发动一个广大的大众文艺的运动。这所谓运动——是一方面要有许多作家,青年的作家,刚刚开始的作家,来参加这种工作,别方面,还要经过工农通信运动等等,教育和培养劳动者的"作家"。革命的大众文艺在这一点上是和反动的大众文艺一样的:所谓"杰出的作品",只会在许多——几十、几百、几千篇之中产生出来。国际的大众文艺运动,也包含着工农通信、报告文学等等。难道所有那些通信、报告、工人作家的"处女作"等等,都是杰出的作品吗?当然不是。而大家仍旧把这些东西叫做"文艺"。这些东西(甚至于最先进的国家里的)——极大多数还没有赶得上中国的"杰出的旧小说"的"感动人的力量"呢。因此,我们在运动开始的时候,首先提出来的要求不是文艺技术的问题,而是一些最初步的必须先解决的问题,例如中国所特别有的文字(文言白话）的问题，以及体裁形式问题，题材和创作方法的一般问题。这些问题之中，有些是不解决就和总的文化革命纲领冲突的（例如文字问题，底下再详细地说）；有些是必须防止的过去的倾向（例如浪漫主义、标语口号主义等等）；有些是大众文艺要送进群众去所必须首先注意到的（例如"有头有脑"的叙述方法等等）。这些最初步的问题解决之后，一般的作家可以着手共同的工作。在没有解决之前，我不过供献①我个人的提议。止敬先生的提议——在《文学月报》上第一次正式发表的——却要把文艺技术问题作为主要的要求，要求作家做出"水浒"那样的杰出的作品，方才算得大众文艺，否则，"仍旧不是大众文艺"。这样，这个问题限于杰出的作家的范围了，就根本没有大众文艺的广大运动了。

第三，现在就要求每个作家都得做施耐庵，这是不可能的。革命的施耐庵们将要在斗争和工作的过程之中产生出来。这种工作开始的时候，一些初期的、极端幼稚的、外行的大众文艺的尝试的作品——也已经是大众文艺。可以说是极坏的"文艺"。但是始终是文艺。好比止敬先生举出来的旧小说《金台传》，虽然很坏，可是始终是一部旧小

---

① 供献，现写作贡献。——编者注

说（文艺不过是小说、诗歌、唱本等等的总名称）。这些旧小说在群众中始终还是多少有些销路的，例如《征东传》、《征西传》等等。而新文言的文艺却还没有。为什么？自然不是因为技术好坏的缘故——技术好坏只会影响到销路的大小。首先的原因还是在于新文言的文艺另外有一副面孔，文字上形式上都是群众没有看惯的——容许我引一句《礼记》——它是"眣眣[①]之声音颜色拒人于千里之外"。这些新文言的作品，在群众看起来，只要看三五行就要放下的。他还没有看过，他并不很清楚这里的描写方法是动作多还是抽象的叙述多，他的所以不要看，往往是因为新式小说一开始就是悬空的对话，或者大半文言的描写景致，叫人"丈二和尚"摸不着头脑。"究竟是父亲骂儿子，还是哥哥和弟弟讲话"——有个工人看见一本新小说的第一页就这样问我的。我以前常常碰到这种事情，现在也许好了些罢？可是，我所经验着的，都是看见他们看一两页就放下了。这里，形式问题很有关系。止敬先生自己也说"一篇大众文艺的故事应得有切切实实的人名地名以及环境"，但是，他又说"平铺直叙都是形式上之形式，不足重轻"。我承认这是"形式上的形式"，但是很关重要的。而且尤其是像

[①] 眣眣，现写作"訑訑"。——编者注

止敬所说的"杰出"的革命大众文艺至少在最初必须用"平铺直叙"的形式上的形式,使得群众高兴看下去,才能够发现"许多动作衬托出人物的悲欢愤怒的境遇,刻画出人物的性格,等等描写法"。不然,这种杰出的作品,也被大众看三五行就放下,未免太可惜了。

第四,"形式上的形式"问题解决之后,然后,才谈得上文艺技术的问题——止敬先生把这个也叫做形式问题。我呢,曾经把这个问题放在"怎样写"的问题里面,并且极简单地说明如下:

> 如果仅仅几句抽象的理论,用说书的体裁写出来,就可以当做文艺作品,那就根本用不着普洛文学运动,因为这只是通俗的论文。文艺的作品应当经过具体的形象……用描写表现的方法,而不是用推论归纳的方法……①

自然,我所说的没有止敬先生所说的深刻,而且是问题的另外一方面。可是,这已经可以见得我并不是完全忽

---

① 这段话没有写在前一篇文章里面去。至于为什么没有写的理由,我也不必说。总之,止敬先生和一些读者是看见过这段话的就是了。

略这个问题。我不过以为要求作者：第一，注意到用什么话写；第二，必须在最初一期运用浅近的描写方式，采取旧小说的"形式上的形式"；第三，最低限度地分辨清楚论文和文艺作品的区别——这样就使得一般"作家"都可以开始工作。这是一个运动的开始。这些尝试的作品，将要有可能送进群众堆里去。群众将要接到一些形式上和"征东征西传"相像的"作品"，而内容是不同的。他们可以用各种方法来批评，以至于用销路来"投票"。他们之中也许可以有少数识字的、程度比较高的人，看看高兴而自己来动笔写一些……这时候，进一步去更深刻地讨论，研究技术上的详细的问题。我这种提议是所谓"卑之毋甚高论"的办法。但是，总是开始运动的办法。

而止敬先生说：（一）"不能不用新文言"；（二）"不要抄袭平铺直叙的门面法儿"；（三）"如果要从形式方面取法于旧小说"，也只要"动作多，而抽象的叙述少"。那结果是，不但工人自己的"作家"，就是青年的新进的作家，也觉得很难下手。况且止敬先生还说："不能使大众感动，仍旧不是大众文艺。"大家更要吓得不敢动手了。即使照着止敬先生的条件，写出了大众文艺的作品，那也只是"动作多而抽象的叙述少的"新式小说。这种作品，就算是杰出的，也很有被群众忽视的危险。群众不觉得这种东西和一般的新式小说有什么不同，也不觉得自己可以参加这种新运动，他们认为这是杰出的作家的事情。这样，止敬先生的主张其实是停止大众文艺运动的办法。

当然，并不是"动作多而抽象的叙述少"的技术足以停止大众文艺运动，而是止敬先生的一定不要反对新文言，不要平铺直叙的形式，尤其是杰出的作品才算得是"大众文艺"的要求。

第五，至于单是止敬先生指出的"动作多而抽象的叙述少"的技术，我是完全赞成的。这正是进一步讨论大众文艺的详细问题的成绩。止敬先生指出这是文艺技术上大众文艺和非大众文艺暂时的分别。在进行着一般的大众文艺运动的过程之中，必须注意到这一点，用这种原则去教育新进的作家。这两点文艺技术上的问题，止敬先生指出来，的确补充了我的疏忽。国际的新兴文艺运动之中，先进的作家正是在这种文学专门知识上帮助新进的作家、工人的作家的（例如文艺顾问会——consultation 等等的工作）。中国的大众文艺运动，惟恐怕得不到这种帮助，惟恐怕这种帮助得太晚呢。

可是，对于技术上的注意，不应当混乱最初步的文字上形式上的问题，使得整个的大众文艺的运动，只变成了一些给群众看的作品的特别描写方法的研究。在这一个条件之下，不但要更详细地研究描写方法，而且要勉励个个作家努力去做施耐庵等等。一定要在工作的过程之中，去学习，学习施耐庵，学习曹雪芹，学习旧小说之中特别能够感动中国群众的"秘诀"。

不过单是"动作多而抽象的叙述少"的原则对于大众文艺的描写方法，还是不够的。这问题和形式问题一样，都要加上"逐渐地进到新的原则"的方针。形式问题上，要会改良旧小说的形式，同着群众提高艺术的形式。描写方法上，也要会逐渐地领导群众去理解新的方法。譬如像《毁灭》，甚至于《母亲》等等的小说，单纯的"动作"就很难表现它们的内容。心理的分析和叙述，联想的暗示等等，在相当的题材是有作用的，中国的实际的社会生活和群众自己的生活不但在"进到现代的"复杂的关系，而且创造着绝对新的转变。这就需要从旧小说的简单的"合于幼稚的理解力"的描写方法，去领导群众离开那种幼稚的理解方法。这是一个复杂的过程，需要经常不断地，在具体的问题和作品上去研究，去努力①。

再则，一般的大众文艺之中，像工农通信或者报告文

------

① 至于止敬先生说："从艺术的法则说，也是明快的动作能够造成真切的艺术感应"，那又是一般的艺术法则问题，不限于大众文艺的。

学等等，有时候不能够机械地应用"动作多而抽象的叙述少"的原则。这也是应当注意到的。这要具体地去研究各种体裁的技术上的问题，详细地考虑怎么样尽可能地提高大众文艺的艺术力量和价值。我所以认为技术不能够是"主"——这也是一个原因。

总之，如果文字问题、形式问题等等最低限度的一般大众文艺的问题解决之后，在工作和斗争的进行过程之中，去切实地研究文艺技术上的问题，那么，文艺技术上的改良，艺术力量的加强，最初时期的"动作多而抽象的叙述少"的方法等等，都是极重要的问题。如果不要新的文学革命，不要注意"形式上的形式"，而只要把新文言的小说在描写方法上改作"动作多而抽象少"，那就无所谓大众文艺的运动。所以"技术为主"的说法是错误的。

三

再说"文字为末"的问题。

中国的文学革命没有完成，而需要第三次的文学革命——这是我的见解。而止敬先生认为"不能不仍旧用新文言"，不必管旧小说的白话还占着统治地位——这是根本认为没有新的文学革命的必要。这就是我和止敬先生之间原则上的不同意见的第二部分。

关于这部分的说明，尤其重要。而且还不仅仅是大众文艺的问题，而是一般的文化革命的问题。我在第一篇文章里就屡次说明："一切东西都应当用现代中国活人的白话来写"，而大众文艺仅仅是其中的一部分。现在，我们在这一篇文章里，再来特别着重地说明"一切写的东西"的文字上的革命必要。

第一，现在中国的出版界，尤其是所谓新书的出版界，从著作、翻译直到杂志报章——的确是一种新文言占着统治的地位。所谓统治的地位，就是说：除开新文言式的所谓白话文以外，还有些别的，例如旧文言，例如少数好的作家的真正白话文，不过不是"统治者"。旧文言至少在新书的出版界里已经不占统治者的地位，虽然有些科学教科书、杂志的社论等等还用着文言。而真正的白话文又还是少数的少数。止敬先生也说："诚然很多读不出来听不懂的作品。"文艺界尚且如此，其余的更不必说。我所以在大众文艺的问题上，特别着重地提出这个一般的文学革命的问题，就因为总算文艺界里还发现一些"真正白话文"——文艺界主要是用文字做工的一些"工程师"，所以很自然地他们首先创造出真正的白话文，正因为这个缘故，所以文艺界更加要多负些文学革命的任务。我着重的，就是一些先进作家不要只顾自己写得出真正白话文，而且要发动一个社会上的运动——去推翻新文言的统治,使那些多数的随随便便乱写新式文言的作家和一切刊物,受到民族方面的"舆论的惩罚",像当年的林琴南等类的"威权"一样。

止敬先生说:"新文言——肃清欧化的句法,日本化的句法,以及一些抽象的不常见于口头的名词,还有文言里的形容词等等,或者还不至于读出来听不懂。"其实,新文言要经过这一番手术之后,它就不成其为新文言了。读出来而听得懂——的确像个现在中国人的人话——那就成了中国的真正白话文了。现在止敬先生也说"何尝没有可读可听而懂的作品"(我在第一篇文章就说过的)——这正足以证明新的文学革命的可能已经发现。

第二,但是,大多数的科学政治论文(我说的是"地面上的"),大多数的新式文艺作品,是用的一种新式文言的假白话,这种文字在质量上,已经和中国活人说得出来的话是不同的东西。因为没有自觉的文学革命的运动,所以好些比较好的作家,也马马虎虎地跟着乱写。例如沈从文,在文字方面讲,无论如何不能够算是不通的作家,可是,甚至于他的作品里都有时候发现这种新式文言的痕迹。我随手翻着《现代》第三期三九○至三九一页,就发现他不写"所以"而写一个"故"字,不写"时候"而写一个"时"字,还有"若"字、"较"字等等,再加上"丰仪的"等类的形容词。假使有人在巴黎写着一些夹杂着许多拉丁文文法的法文，人家一定要说他发疯。而在中国，古代的文法随随便便地乱写着。要知道每一种文字的特点，都在于它的所谓"形式部分"——虚字眼、字尾、字眼的构造等等。我所谓的新文言，就是随便乱用不必要的文言的虚字眼——口头上说不出来许多字眼，有的时候还有稀奇古怪的汉字的拼凑。这样，这种文字的本身就剥夺了群众了解的可能。群众要去学会运用这种文字，就一定要在自己的口头言语的文法之外（或者学习普通话的文法之外），再去费了五六年工夫学习汉文文言的文法。所以我说新文言在这一点上和旧文言相同的，它是一种"阶级的文字"。这种文字，根本没有改用罗马字母的可能。而中国的普通话、上海话、广东话、福建话……（方言区域和普通话的口音标准等等还要详细地调查研究下去）将来一定要采用罗马字母而废除汉字，变成新的中国文、上海文、广东文……。现在新式文言的假白话的"威权"，正是新中国的伟大的文字改革的障碍。所以新的文学革命的发动，现在已经有万分的必要。

第三，中国的大多数的识字群众之中，却还有一种"死的白话"——旧小说的白话占着统治地位。这种文字也是所谓"文人"写的，写给群众看的。所以现在的（不仅是"水浒"等等几部杰出的旧小说,而是一般使用着的)旧式白话是很杂乱的,同样夹杂着恶劣的文言。我们说它是"死的白话",自然只是相对的意思。这些"死的白话"仅仅因为历史的堕性律的缘故,是多数识字的群众所读惯的。这种死白话还占着统治地位。有意识地自觉地发动群众起来反对这种文字,指出这种文字已经不是口头上说的话,指出这种文字不是群众自己的言语:群众要学习文字的时候,不要学这种死白话文,而要学"新兴阶级的普通话"以及当地主要的方言文的写法。同时,他们用不着再去学习新式文言的假白话。这种新的文学革命的必要是显然的。而止敬先生指出来:群众之中已经会有一部分人,"十分的不懂"旧小说的白话,那只是更加证明这种革命的可能。

第四,新的文学革命的对象是新式文言的假白话和旧小说的死白话。而新的文学革命的目的,是创造出劳动民众自己的文学的言语。中国现在的形势,以及将来发展的趋势——需要一种各省人共同的普通中国话的白话文。在口音方面,自然不会立刻统一的——我们反对那种强迫的统一国语运动——可是,在写出来的文字方面,相当的是一致的。这所谓普通话,简单而具体地说:就是上海工人不写"啥物事"而写"什么"等等,虽然他读起来的口音不一定像北平人那么卷着舌头（那才是现在官僚所规定的国语），可是，他已经是用的普通话。自然，这个工人和自己本乡人说话的时候，用不着这种普通话。可是，我原是说的"各省人用来互相谈话演讲等等的普通话"。难道上海的工人，一定要用上海话写东西拿去给江西农民看么？现在的真正白话文，难道不是写的这一种普通话？我那第一篇文章的问题，本来只是用什么话写。所以我的答案是：根据这种已经在产生着的新兴阶级的普通话，而且赞助它的发展，用来写一切东西。止敬先生的调查，说上海各工厂有三种形式的普通话，都是南方话，又说没有全国范围的普通话。他所说三种形式的上海普通话，只是证明全国范围的普通话形成的过程，还只发展到一个初步的阶段。而同时，却也证明这种普通话是在产生出来。上海的新兴阶级，固然是全国最先进的部分，可是，正因为这个缘故，他在领导全国范围的大事业的时候，不会勉强各省的群众采用上海土话做基本的"上海普通话"（或者江南普通话），而自己能够逐渐地采用一般的普通话。所以，至少暂时先发展的是普通话的现代中国文的文艺，而不是现代上海文，或者江南文的文艺。总之，我把真正白话文叫做"根据新兴阶级的普通话写出来的文字"，意思是在于：
（一）不是农民的原始的言语，而能够接受政治技术科学艺术等等的丰富的字眼;(二)也不是绅士等级的言语,不会盲目地抄袭欧洲日本的文法而只从古代汉文里去找些看得懂而听不懂的"象形字"来勉强应付现代文化的生活;(三)并且不是用某一地方的土话勉强各省的民众采用做国语,也不是偏僻的固定的"乡下人"的言语,而是容易接受别地方的方言集成的言语。况且我所着重的是现在就用什么话写的问题。所以最主要的还是第一第二点。

再则,我所以要把真正白话文叫做新兴阶级的普通话的缘故——还因为知识阶级不要它:据说要写出听得懂的白话"并不是什么难事",然而,偏偏不肯这么写,而且偏偏不要提倡这么写。

第五,总之,新的文学革命的纲领是要继续"五四"的文学革命,而彻底地完成它的任务。这是要真正造成现代的中国文——可以做几万万人的工具,被几万万人使用,使几万万人都能够有学习艺术的可能,简单而明了的:先要根据现在不完备的没有完全形成的中国的普通话(可是真正是活人能够说得出来的话),造成一种比文言更优美的文字。虽然这种普通白话,用汉文写着仍旧是一种"糊弄局面",然而这种真正白话——活人说得出来的话,从容易用罗马字母拼音而废除汉字。即使南北口音不同,而要拼出互相不大一致的文字——一种中国普通话也许会变成几种文字，可是互相之间的学习要比学习汉文容易十倍。况且普通话的中国文之外，还要根据各地方的情形造成各个区域的方言文，只要政治上文化上有这种必要。每一个地方的民众，至多只要在自己本地的方言文之外，再学会普通话的中国文，他就有文化生活的最低限度的工具。这要比依赖汉字制度的新式文言轻松得多，而一般的科学技术艺术，以及方言文学的发展，就可以得到极大的可能；群众可以得到最大限度地接近文化生活、参加文化生活的机会。

第六，一般的文化革命既然要求这种文学革命的发动和展开，那么，革命的文艺运动自然要在自己的发展过程之中去领导文学革命。文艺作品对于群众的作用，不单是艺术上的"感动的力量"，而且更广泛的是给群众一种学习文字的模范。普希金、托尔斯泰、屠格涅夫的"优美的可爱的言语"到现在还是"有用"，还采取到学校的教科书里去。这难道是要个个学生都学会他们的"圆满解决的文艺技术"？当然不是。这始终只是对于少数学生的作用；至少，暂时一二十年之内，还没有人人都变成文学家的可能。对于大多数的学生，这只是最低限度地学习运用文字的方法。何况中国呢！而中国现在的新式文言和旧小说的白话，就连这一点作用都够不上。这并不是说这些作品里没有艺术价值很高的东西。但是，这些"作品"的价值只限于艺术的一方面。对于群众，这里的文字是不能够做学习的模范的，也不应该。所以，一般的文学，而尤其是大众文艺"用什么话写"——在现在还是很严重的问题。一般作家不注意到这个问题，"习惯成自然"——就会不自觉地写些新式文言的文法或者旧小说式的白话到大众文艺里去，这对于文艺是一个先决的问题。群众要求作家写一种活人说得出来的话——这是最低限度的要求（至于他看着这种文字用什么口音去读，用南方口音，还是北方口音……那是另外一个问题）。假使不是用现代的中国话写的，那么写出来的作品即使很好，它对于中国群众，也像拉丁文作品对于法国工人一样。这是他们用不着学的一种文字。所以一定要用中国普通话的真正白话文——也就是止敬先生所说的肃清了说不出来听不懂的成分的"通行的白话文"。

至于方言文学用的文字，那就只有用罗马字母拼音之后才能够彻底解决。我们在这一方面也是要努力去做的。

最后，止敬先生说："宋阳先生心目中的真正现代中国话，还不够文学描写上的使用。"这在我上面的说明之后，显然是没有问题的了。所谓"通行的白话文"，肃清了说不出来听不懂的成分之后，难道就够不上文学描写上的使用吗？当然不会的。单就文字方面讲，这种真正现代中国话的文艺上的价值只有比新式文言高。倒是止敬先生提出的口头文学（说书等）用什么话说，这是一个新的问题，我所没有讲到的。现在上海的说书用着苏州话或者扬州话。而我们所要发展的新的说书，显然应当用各大城市本地的普通话。世界语是一种人造的言语，它的文艺上的应用也有许多人怀疑的——现在已经证明了。而中国各地方日常应用着的本地普通话，当然更有这种可能。至于这些口头文学的底稿（本来不是一句一句背诵的），可以暂时用"通行的真正白话文"写；或者要夹杂些通行的"本地俗字"——作为过渡时期的方言文学的尝试。完全依据 Mother Tongue 的原则也是不对的。中国是在中世纪的末期——各地方的偏僻的土话是在消灭下去，各个较大的区域的普通话是在形成起来，甚至于全国范围里的口头上的普通话也正在产生着。在这种过渡时期，文学家特别应当用文艺的作品来帮助各地方的普通话以及全国的普通话的发展。这是一个斗争的过程。譬如说，上海的说书用着苏白——这算是说书的本人的 Mother Tongue，你说他用着这种家乡话容易"表达复杂的情绪和动作"，但是，倘使你叫他说一说《铁流》、《毁灭》、《静静的顿河》的故事，那他的苏白就要感觉到不够用了，可是，口头文学的问题还需要详细的个别的讨论，这里不能够再详细地说。

总结起来说，在具体的办法上——止敬先生既然并不主张一定要保存新文言里面的说不出来听不懂的文言成分，那么，他和我的意见并不是绝对相反的。然而，原则上的分别是在于他不觉得肃清文言余孽应当是一个群众的革命运动，他只要求作家"多下工夫修炼"；而我以为一定要一个自觉的革命的斗争，领导群众起来为着活人的言语而斗争。分别是在于发动一个攻击"新文言和死白话"的运动，要还是不要。站在群众的观点上，自然觉得到新式的文言和旧小说的死白话是"罪孽深重"。止敬先生说："现代的批评家哗然痛骂新文言。"其实，我所知道的是：从陈彬龢式的旧文言起直到一般的文言白话夹杂的成千成万本的新文言刊物——都并没有受着什么指摘。并没有人对群众去揭穿这种中国现代的"文字状态"，是统治阶级的愚民政策的一种。至于旧小说的死白话，那是更没有人提起——测字先生在不识字的群众之中，仍旧保存着"儒士"的威权。实在没有所谓"哗然"。现在的"林琴南"的福气，还好得很呢。"文字是末"——从一些作家看来，自然哪，单会写几句通顺的说得出来听得懂的真正白话文，算不得艺术品。本来也不是艺术品。可不知道广大群众的需要大众文艺，部分的还是要借此学习最初步的运用本国文字的方法。而新文言和死白话里夹杂着好些中国古代绅士的句法和字眼,这就害他们枉费不少精神,而学不到现代的中国文的写法。这虽然是另外一方面的问题,可是,在中国的特别情形之下,必须和文艺运动的问题联系在一起。所以这个"文字问题"必须特别地提出来,使一般开始写大众文艺的人就注意到。说"文字是末"——在这个意义上——是错误的。

一九三二年七月

我们是谁?
——和何大白讨论"大众化"的核心

何大白①的《大众化的核心》是最近讨论革命的大众文艺的第一篇文章。革命的和普洛的文艺自然应当是大众的文艺——这是谁都不否认的了。而且,普洛文学运动一开始的时候,就提出"大众化"的口号(一九三〇年三月出版的《大众文艺》杂志第二卷第三期《新兴文学专号》上就登载过"文艺大众化座谈会"的记录,还有许多人做的文章,都是讨论所谓"文艺大众化的诸问题"的)。可是,"大众化"的口号始终只是空谈,始终没有深刻的切实的讨论,始终不去解决实行大众化的现实问题。为什么弄成这个样子?为什么两三年来除出空谈之外什么成绩也没

---

① 郑伯奇的笔名。——编者注

有？最主要的原因，自然是普洛文学运动还没有跳出知识分子的"研究会"的阶段，还只是智识分子的小团体，而不是群众的运动，这些革命的知识分子——小资产阶级，还没有决心走近工人阶级的队伍，还自己以为是大众的教师，而根本不了解"向大众去学习"的任务。因此，他们口头上赞成"大众化"，而事实上反对"大众化"，抵制"大众化"，何大白的这篇文章就暴露出这一类的知识分子的态度，就使我们发现"大众化"的更深刻的障碍——这就是革命的文学家和"文学青年"大半还站在大众之外，企图站在大众之上去教训大众。

何大白说：

"我们的方法错误了么？不是。我们的口号太高了么？不是。我们的文字太难了么？不是。"……而"大多数的群众依然不受我们的影响"。

这里，何大白说的"我们"是谁呢？他用"我们"和大众对立起来。这个"我们"是在大众之外的。他根本不感觉到这个"我们"只是大众之中的一部分。这样，所以他就不能够认识自己的错误，不能够消灭"知识阶级"的身份。这些错误在什么地方？第一，他说并不是我们的文字太难了。这明明白白是错误的见解。现在的许多创作，文字都是很难的，不但对于群众是难懂的文字，而且对于一切读者都是难懂的言语。这种文字是"五四"式的所谓白话文。其实是一种新文言,读出来并不像活人嘴里说的话,而是一种死的言语。所以问题还不仅在于难不难,而且还在于所用的文字是不是中国话——中国活人的话,中国大众的话?大白根本不了解这个问题,因此,也就根本不了解彻底完成文学革命的任务。第二,他说并不是"我们"的口号太高了。这的确不错。不过,还要进一步地说:实在是因为口号太低了!革命的政治口号要用文艺形式来传达,这是另外一个问题——这些政治口号绝对没有太高太低的问题。倒是文艺上反映这些政治口号的时候,因为模糊和动摇的缘故,结果是曲解的也有,降低的也有。群众并且要求革命文艺提出详细的具体的问题——从政治的直到日常生活、家庭生活。而现在的革命文艺,却不能够满足群众的这种要求。所以应当说:"我们"的口号太低了。第三,他说"我们"的方法并不错误。这也是坚持错误的态度。两年半以来的大众化运动丝毫成绩也没有,还要说自己的方法没有错误!就是说最近半年来运动,也有许多地方正是吃了方法错误的亏。

　　文艺大众化的运动必须是劳动群众自己的运动,必须在无产阶级领导之下。一定要领导群众,使群众自己创造出革命的文艺,实行反对群众之中的林琴南的斗争,就是反对武侠小说等类的一切种种反动……。这里，自然包含着发动群众的文学革命的任务：打倒"五四"式的新文言，打倒旧小说的明朝白话（旧小说的白话也是死的言语，也不是中国现代活人嘴里说的话）。这才是正确的方法。

自然，这里有许多困难，一定要有长期的艰苦的斗争。

然而何大白所认识的困难是什么？他所提出的克服困难的方法又是什么？他说：

> 第一重困难在大众自己，就是大众对于我们的理解有没有相当的准备。第二重困难在我们作者，就是作者对于大众的生活有没有充分的理解和同感。克服这些困难只有一条道路……就是作者生活的大众化。

作者生活的大众化自然是最中心的问题。可是，这句话说了三四年仍旧没有实现。如今还只说这么一句空洞的总话，当然等于没有答复问题。现在必须更具体地详细解决所谓生活大众化的问题。关于这个一般问题，我暂时不来详细解说。这里还有使我们应当严重注意的是：大白说"第一重困难在群众自己"！仿佛群众的程度太低了，根本就不能够理解革命，不能够理解革命文艺和普洛文艺。而事实上，也许群众比作者更加理解革命得多，群众自己在那里干着革命的斗争。正因为作者的不理解革命，而且在文艺的形式方面和言语方面不肯向群众去学习，不肯承认自己的文字的艰难——所以普洛文艺"依然不能够影响大多数的群众"。

何大白这篇文章充分地表现着知识分子脱离群众的态度，蔑视群众的态度。这种病根，必须完全铲除；不然呢，文艺大众化的发展就仍旧要受着很大的障碍。

自然，中国的几万万劳动群众之中，甚至于大工业的无产阶级之中，还有许多人受着地主资产阶级的奴隶教育的束缚和欺骗——反动的大众文艺正是这种奴隶教育的一种工具。因此，并不是每一个工人或者农民都是觉悟的。然而正因为如此，无产阶级的先锋队要用一切方法，以及普洛文艺去进攻反动的思想。如果普洛文艺的作者，以为群众还没有"准备"，而同时又认为自己的文字、方法、口号都一些儿也没有错误，那么，自然只有等待群众程度的提高，而客观上，这种等待主义只是把群众放在反动思想影响之下。

"认识错误就是克服和纠正错误的开始"——我希望普洛文艺革命文艺的同志详细地具体地来讨论这个问题。

一九三二年五月四日

欧化文艺和大众化

"欧化文艺"这个名词，初听起来似乎有点儿奇怪。但是，中国的事实是这样：自从"五四"文学革命之后，正在很热闹地"提倡国货"的年头，却出现了一种新式的文艺，就是所谓欧化的文艺；现在的市场上，显然存在着两种不同的文艺：一种是中国旧式的文艺，一种是新式的欧化文艺。谁能够否认这种事实呢？

欧化文艺和旧式文艺之间的区别，表面上看来，仿佛只在形式方面、体裁方面。然而实际上，欧化文艺的特点，却在于它是资本主义时代的产物，它反映着资本主义的社会关系，它表现着许多新的现象，提出许多新的问题。欧洲中世纪时代的文艺形式，也和中国旧式文艺有许多类似的地方，这种中世纪式的文艺的消灭，也是由于资产阶级革命的胜利。中国的资产阶级民权革命的发展，既然因为资产阶级叛变而进到了新的阶段，所以文艺战线上也起了同样的变化——欧化文艺之中发生了更明了的更剧烈的阶级分化。一方面，资产阶级的欧化文艺在内容方面完全投降买办的封建的意识；别方面，无产阶级的文艺运动也从这里开始发展出来。所以革命的和无产阶级的文艺从所谓"欧化"开始，固然是自然的现象，可是文艺革命上的领导权的争取，也就是无产阶级的严重的任务。

因此，文艺的大众化问题就成了革命无产文学运动的中心问题。

因为新文艺——欧化文艺运动的最初一时期，完全是资产阶级的知识分子的运动，所以这种运动是不彻底的、妥协的，同时，又是小团体的关门主义的。这种运动里面，产生了一种新式的欧化的"文艺上的贵族主义"：完全不顾群众的，完全脱离群众的，甚至于是故意反对群众的，欧化文艺，在言语文字方面造成了一种新文言（"五四"式的所谓白话），在体裁方面尽在追求着怪僻的摩登主义，在题材方面大半只在知识分子的"心灵"里兜圈子。初期的无产文学运动也承受了这些资产阶级的"遗产"，因此，它很久地和广大的群众隔离着。对于资产阶级，对于摩登化的绅士，那是不用说的——所有这些流弊都是当然的事情。他们本来就不要群众懂得什么文艺，他们本来就垄断了古文诗词两三千年。以前的名士用古文去载道，现在的名士可以用"五四"式的新文言来发牢骚，反正都是一样的，都是和群众不相干的。以前的文士，自己弄些诗余歌曲消遣消遣；另外还有凤阳花鼓、莲花落、果报录、警世录等类的"文艺"，去玩弄群众，恐吓群众，欺骗群众。现在的"绅商知识分子"，自己发明了欧化的小说、诗歌、戏剧，弄些什么象征主义、表现主义、印象主义……等类的"魔道"玩耍玩耍；而另外还有武侠主义的连环图画，阶级妥协主义的时事唱本……去迷惑群众，镇静群众。总之，统治阶级的文艺本来是脱离群众的，统治阶级总是用些恶劣的文艺在意识上来剥削群众的。中国资产阶级不能完成民权革命在文化上的任务，它也绝对不愿意完成这种任务，而且正在反对民众自己的文化革命。而对于无产阶级，所有这些欧化文艺的流弊却是民众自己的文化革命的巨大的障碍。无产阶级应当开始有系统的斗争，去开辟文艺大众化的道路。只有这种斗争能够保证无产阶级在文艺战线上的领导权，也只有无产阶级的领导权能够保证新的文艺革命的胜利：打倒中世纪式的中国文艺，打倒地主资产阶级的文艺影响。

民众自己的文艺革命的路线是要创造革命的大众文艺，是要使革命的"欧化文艺"大众化。现在，革命的大众文艺大半还要运用旧式的大众文艺的形式（说书、演义、小唱、故事等等）而表现革命的内容，表现阶级的意识。这种初期的革命的大众文艺，将要同着大众一起，渐渐地提高艺术的水平线。而中国的民众，尤其是中国工人的先锋队，同时也应当运用世界无产阶级的经验，运用世界文化的成绩：对于革命文艺，只有在这个意义上方才说得上所谓"欧化"。革命文艺的"大众化"不但不和"欧化"发生冲突而且只有大众化的过程之中方才能够有真正的"欧化"——真正运用国际的经验。这样，革命文艺和无产文艺将要在中国的劳动民众之中发动真正的新文艺运动：一方面，发生真正革命的说书、演义小说……别方面广大的群众能够接受国际的革命文艺的影响，同着作家一起，改良中国旧文艺的形式和内容，了解文艺上许多新的问题。中国的新的文化生活——几万万群众的文化生活，固然在残酷的政治经济斗争之中开辟自己的道路，但是，文艺战线上的斗争应当现在就在群众之中开展出去，准备着锻炼着自己的力量；这种文艺战线上的斗争正是总的政治斗争的一部分。

关于运用旧的形式去创造革命的大众文艺的问题，已经在另外几篇文章说明过；现在，我们只要简单地说明所谓"欧化文艺"的大众化的具体意义。当然，这里所说的

"欧化文艺"只是革命的文艺。反动的欧化文艺的方针,自然有人在研究,用不着我们代劳的。

第一,新式的欧化文艺要能够达到群众方面去,首先就要继续完成中国的文学革命。这是一般的问题,我们已经在《大众文艺的问题》里说过,这里不再重复。主要的是:实现彻底的白话文学,坚决地肃清一切新旧文言的余孽,要使写出来的文字,在读出来的时候可以听得懂。自然,白话也有浅近和深奥的分别。但是,即使是比较深奥的白话,只要的确是用白话做本位的,一般民众总有听得懂的可能——这是可以解释的。只有那种文言白话夹杂的文法,好像法文之中夹杂着极多的拉丁文的文法似的,才是绝对不能够生存的一种文字。"五四"式的新文言正是这种杂种,必须完全打倒才行。

第二,一切作品的体裁也是很可以注意的问题。俄国普洛文学的历史上也曾经发生过这种问题。"欧战前后的种种摩登主义的文艺形式(直到所谓未来派)已经反映着资产阶级文化的没落的过程,倒不如古典主义的平铺直叙的体裁,更加适宜于做无产文学的出发点。"中国的革命的欧化文艺,如果能够像《静静的顿河》那样运用平常的不怪僻的形式,那么,它的影响一定更加容易传布到大众方面去。总之,作者应当顾到读者的要求,要使会读说书演义的大众，能够很容易地进一步来读所谓欧化的文艺。至于内容方面的大众化，这是关于题材，关于创作方法等等的一般问题，我们在《大众文艺的问题》那篇文章里，已经说过。

第三，革命的无产文学的理论和国际革命文艺的介绍，也必须大众化。革命文艺的作品的翻译，必须用完全的白话，必须用完全的中国文法。这虽然是最浅近明显的问题，但是，现在不但有许多曲解原文的错误翻译，而且有好些文言白话夹杂的，中国文法和外国文法瞎凑的翻译。这当然是违反大众化的原则的。至于文艺理论的著作，那么，不但要翻译，而且尤其要编纂。问题是在于要传布这些理论到广大的群众中间去。所以要能够用浅近的中国白话编辑许多文艺理论的常识丛书而且有系统地去研究中国大众之中对于文艺的许多旧观念，而加以解释。自然，还要有系统地编辑马克思列宁主义的文艺理论的书籍，使它们能够作为研究翻译的理论书籍的初步。

所有这些问题都是最初的步骤；但是，这必须有实际的有计划有系统的工作，不然就又会变成没有用处的空谈。

总之，革命文艺和无产文艺的路线，是"同着大众提高艺术的水平线"，一定要为着文艺的大众化而坚决的斗争。一九二三年的时候，俄国的资产阶级文学家扎玛金曾经说过："大抵的普洛文化诸君，都有革命的内容和反动的形式……普洛文化的艺术是暂向六十年代退却了。"现在中国的资产阶级，以及小资产的形式论者，大概也要以为大众化是"反动的形式"，是向《官场现形记》时代"退却"了罢！这一类的攻击和怀疑，我们是不怕的，我们必须克服这样的怀疑，而且要用我们的实际工作去答复敌人的攻击。

一九三二年五月五日